言い間違いはどうして起こる？

言い間違いはどうして起こる？

〈もっと知りたい！ 日本語〉

寺尾 康
Terao Yasushi

岩波書店

装幀・間村俊一
オブジェ撮影・林 朋彦

目次

目　次

一　昭和五十九年、大晦日の「事件」

――プロローグ

事故が事件に

昨年の暮れのことです。駅のホームでふと手にとった青年コミック誌に掲載されていた漫画の一コマが目にとまりました。時節がら紅白歌合戦をネタにしていたのですが、そこには十七年前の史上もっとも有名なとちりがオチのセリフに使われていました。読者の多くはピンとこないのではないか、などと心配しながらも言い間違い研究への興味を加速してくれた「事件」をなつかしく思い出しました。ちょっとプレイバックしてみましょう。昭和五十九年の紅白歌合戦、時刻は午後十一時半を回っていました。

この年の主人公はなんといっても、紅白出演を限りに引退を宣言していた都はるみで、彼女には過去に例のないはからいでアンコールが許されました。異様な盛り上がりの中、「好きになった人」のイントロが流れはじめました。その時、総合司会のＵアナの脳裏にはこんなことが浮かんでいたといいます。十六年後に自らの手記で明らかにされた心の内を追って

みると……、

都はるみを正視出来ず、ステージの天井を見上げて「戦後四十年の歌謡史にこれだけの場面があっただろうか」などと思う脳裏を、美空ひばりの姿がかすめたのも確かだった。美空ひばりも都はるみも、それまで何度も一緒に仕事をした仲である。（中略）あの時変なアナウンサー意識が働いてしまったことも確かだった。それは「もっと、もっと沢山の拍手をはるみちゃんに……」と喋ろうと思った瞬間、「はるみちゃんではない、ここはキチンとフルネームだ……」。

（「大晦日、ミソひと言で味噌をつけ」『新潮45』二〇〇〇年八月号）

しかし次の瞬間、Uアナの口から出た名前は、なんと、

「みそら」

それからしばらくはわが家の茶の間も、客席も、誰もがあっけにとられて妙に白々とした時間が流れたという記憶があります。ただイントロだけが何ごともなかったかのように進み、歌は始まったのですが、もう舞台に熱気は戻ってきませんでした。

ちょっとしたとちりといってしまえばそれまでですが、やはりものごとには時と場合、というものがあります。「時」の方は説明の必要はないでしょう。お化け視聴率番組のクライマックス、日本中の耳目が集まる一瞬といっても過言ではないタイミングで飛び出した間違いでした。もう一つ、「場合」の方は彼が言葉のプロであったことに加えて、よりによって戦後の歴史そのものといってよい大物歌手の名前が出てしまったことも不運でした。（それから二年後の同じ紅白の舞台で「仮面舞踏会」という曲名が「仮面ライダー」と紹介されたことがありましたが、こちらは笑いの種にもならなかったことと比較してください。）

この後、結局は受理されなかったものの、Uアナは進退伺いまで書いたと告白しています。たった一言のミスで人生の岐路に立たされてしまったわけです。一方で彼自身と勤務先には励ましの便りが殺到し、中には助命嘆願書まがいのものまであったといいます。

こうしてとちりという、いわば言葉の事故は、社会的な関心を集めた事件になっていきました。この年の紅白は、「都はるみの引退の」、あるいは「昭和五十年代最後の」、といった期待された修飾語句とともにではなく、「あのみそら発言のあった」、というきわめてわかりやすい記憶の糸口とともに人々の心に残ることになってしまいました。

いきなり派手な例から紹介してしまいましたが、こうしたとちりは特別なものではなく、私たちにとってはもっと身近なものです。言い間違いをしたことがない人なんて聞いたことがありません。本書では、しゃべりのプロではない一般の人たちの言葉のとちり、言い間違いの実例が次々に登場します。ただ、「みそら」のようなエピソードばかりを並べて笑いを提供するやり方は本意とするところではありません。たしかに言い間違いには思わず笑ってしまう実例も多いのですが、もう少し違った楽しみ方を提案しようと思います。

通常、言語を分析する際のもっともオーソドックスな方法は、その言語で実際に用いられている事例を集める、あるいはその言語の文法で許される文を例文として作成して仮説の検証にあたるというもので、いずれにせよ「正しく用いられている言葉」が資料になります。ところが、本書では言い間違いを言語学的に分析してみると何がわかるのかを述べていきます。「ついうっかり間違ってしまった言葉」を糸口に、言葉が発せられる現場を観客席からではなく、こっそり舞台裏から楽しむわけです。そこからみえてくる日本語の姿に興味を持ってもらえたら、と思っています。

事件などではなく——本書の構成

そのためには、まず言い間違いとは何か、を明らかにしなければなりません。表面上は似ていても本物の言い間違いと偽物の言い間違いとがあり、それらを見分ける分類基準も存在するというところから始めたいと思います。

つづいて、様々なタイプの言い間違いを分類した上で実例の分析に入ります。それらはすべてテレビやラジオのものも含んだ日常会話からこつこつと手作業で集められたもので、冒頭の例のように劇的なものばかりではありません。ただ、そこにはきれいな規則性があることを発見してもらえると思います。言い間違いは「間違い」という言葉自体の持つイメージとは正反対に、決して無秩序に起こるものではないのです。そして「みそら」こそは言い間違いを引き起こす様々な要素が重なった地点に出現した、典型的ともいえる見事な言い間違いであることも同時にわかってもらえると信じています。Uアナのとちりは言語学・心理学的には咎められる理由など一つもない、きわめて「ありふれた」言い間違いだったのだということを示したいと思います。

さらにつづく章では、言い間違いはどのように起こるのか、という問題について考えてみたいと思います。「○○について言おう」という意図が音声に換えられるまでを発話の過程とすると、言い間違いは、そのメカニズムのどこかに不具合が生じたために、意図したものとは異なる結果を言ってしまったもの、とみることができます。とすると、もし大量に集められた実例に規則性があるとすれば、それは発話のメカニズムの特徴を反映したものであると考えるのが自然です。この観点から、心の仕組みと働きを探る認知科学と呼ばれる領域からの知見をもとに、誤りが生じる現場を捉えてみたいと思います。

そして最後には、言い間違いというのは少し高いところからみると、正常な言語活動からはみ出したミス、というよりあらかじめ構造的に組み込まれた一部分といえるのではないかという見方を検討します。

全体を通して、言い間違いの持っている言語データとしての価値は、決して「みそら」のようなエピソードを集めてあげ足取りに走ったりすることでもなければ、若者たちの言葉の乱れを大げさに嘆いたりするための材料を集めることでもなく、心と言葉の興味深い関係を探るためにあるのだ、ということを述べていきたいと思っています。

二　「本物」の言い間違いをみつける

失敗が教えてくれること

ある調査によると、言い間違いが起こるのはおよそ千語に一語の割合であるといいます。誰もが経験する、ということは誰もが遭遇する言語現象であることは間違いないのですが、そう頻繁に起こるものではありません。また、言ってしまった本人はどぎまぎしたり、あわてて間違いを重ねたりして大変な思いをするのですが、聞き手にとっては突発的でとるにたらない出来事のようで、笑うだけ笑ってすぐに忘れてしまうことが多いように思います。

そこで、当然出てくる、そんなもの集めて、一体何の役に立つの？という素朴な疑問に答えることから始めましょう。

一言で答えるならば、話し手本人が意識できない発話メカニズムを知るために、ということになります。言い間違いは、内省では窺い知ることのできないレベルで、言葉を発するために脳／心（心というのは脳の抽象的なモデルである、という立場から両者を並べて書きます）が行っている作業の様子を伝えてくれる貴重なデータなのです。

発話という作業を考えると、私たちはあらかじめ文全体の構造を十分に整えた上で、あたかも心の中に書かれた原稿を読むように話しているわけではありません。時間の制約の中で、いくつかの必要な処理が並列的にかなりのスピードで自動的に進められていると想定されています。そのため、発話の研究には方法論上の困難が常につきまといます。

まず正常な発話だけをたよりに発話中に何が起こっているかを内省によって探る（たとえば「イマ、ドウシヲ、ヒトツ、トリダシタ」などと心の中の作業を自分自身で意識する）ことは不可能ですし、加えて、何を言おうかという意図自体が自由意志にまかされているために、研究上都合のよいことだけを実験的に言わせることもできません。話者が思っている通りのことを、意識によるコントロールがきかないレベルで自然に発話しているかぎり、その背後にある自動的なメカニズムを探るのは至難の業といえます。

そこで、発話の作業中に発生するほころび、つまり言い間違いに期待が集まるわけです。なぜほころびがそんなに重要かというと、間違えなかったら何と言おうとしていたのかは容易に推測可能なので、発話の作業が正常に行われた場合の出力と、その作業の途中のどこかで何らかの理由によって齟齬《そご》が生じた場合の出力とを、現実的なレベルで比較検討することができるからです。

誤りが起こった過程を話者は一切意識できないにもかかわらず、何かが起こったことを示す出力が得られている点が重要です。たとえるなら、手品やイリュージョンは、それが成功している間はどんな仕掛けになっているのかさっぱりわからないのに、ちょっとした失敗が起こって鳩が懐から顔を出したりカードがめくれてしまったりすると、とたんにそれまでの謎が解けるのと同じです。意識できないところで複雑な課題を高速でこなす発話という仕事は、手品のようなものだといえなくもありません。直接観察するのが難しいその作業過程を、一瞬垣間見せてくれるのが失敗例である言い間違いというわけです。

科学史をふりかえってみても、逸脱から真の姿がみえてきた例は意外に多いものです。たとえば海王星の発見は天王星の軌道のずれの観測が糸口になりました。その時点では観測はできなかったものの、外側に新たな惑星が存在するために不可解なずれが生じるのでは、という仮説がたてられ、実際に新惑星発見につながりました。正常な姿に基づいて計算された仮説と、背後に何かがあるために生じた現実世界の乱れとを同時に捉え、それらを手がかりに真実が発見されたというケースです。

何ごとも起こらなければ

誤りの魅力は、確認が難しい正常な姿を教えてくれること、とお話ししました。すると言い間違いについて語るにはまず、正常な発話というのが脳／心の中でどのような知識や操作に基づいて行われているのかを知る必要があります。ごく単純化したモデルを眺めるところから始めましょう。

図1では、発話というのは言語に関する基本的な知識、話し手と聞き手がいる場面に関する知識、そして知識の運用の三者が出会って、脳／心の内にごく短い時間生じる仕事場で行われる組み立て作業である、とみなしています。これらのどれ一つが欠けても正常な発話はできません。

きょうこれまでに発した文をちょっと思い出してみてください。私たちの発話は自動販売機の応対のように、決まった文のレパートリーの中からふさわしいものを一つ選ぶ、という形で行われるものではありません。その場に応じて臨機応変に新たな文が作られていきます。

ヒトの言語と動物の「言語」との大きな違いの一つは創造性と柔軟性にあるといわれてい

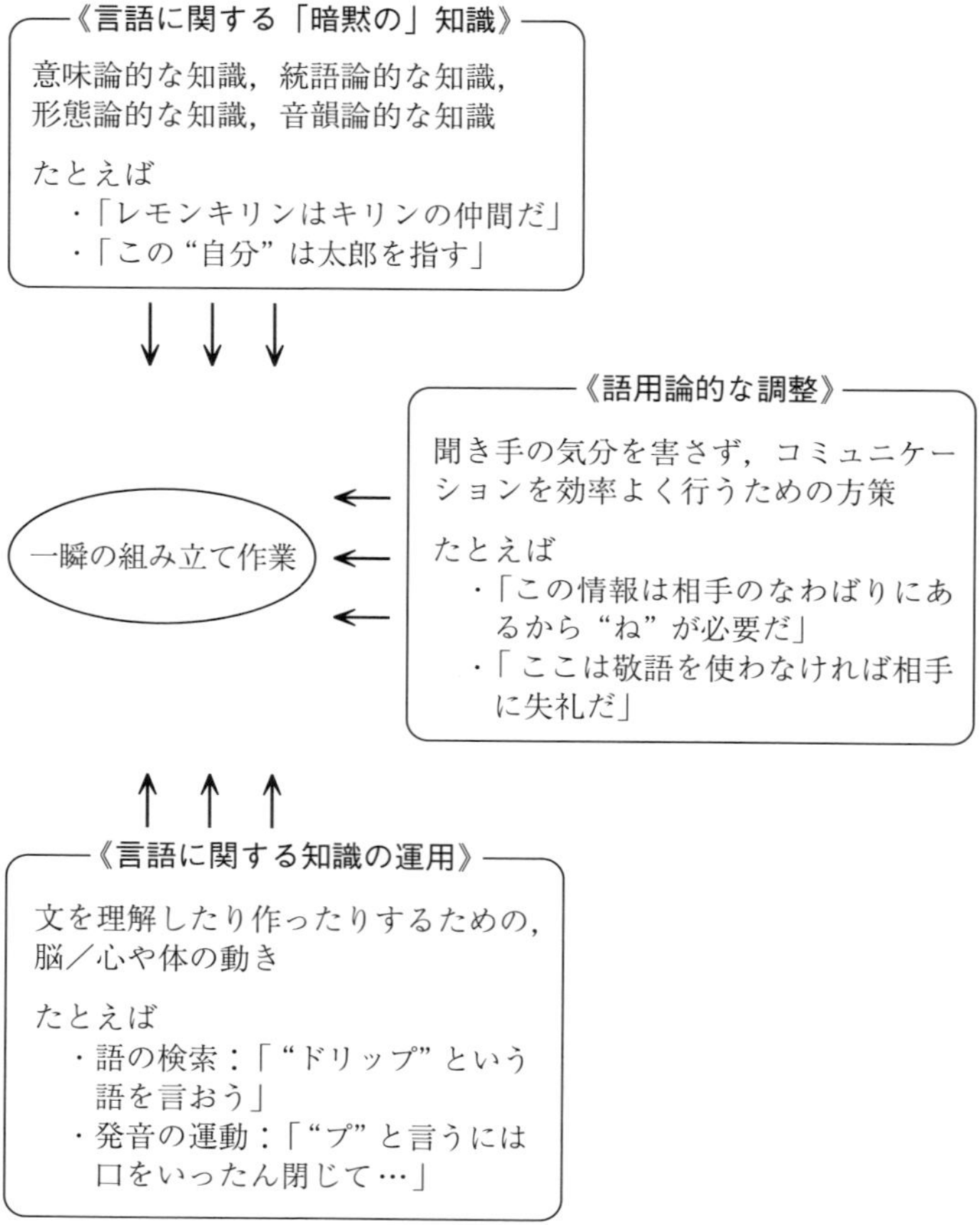
《言語に関する「暗黙の」知識》
意味論的な知識，統語論的な知識，形態論的な知識，音韻論的な知識
たとえば
・「レモンキリンはキリンの仲間だ」
・「この“自分”は太郎を指す」
《語用論的な調整》
聞き手の気分を害さず，コミュニケーションを効率よく行うための方策
たとえば
・「この情報は相手のなわばりにあるから“ね”が必要だ」
・「ここは敬語を使わなければ相手に失礼だ」
一瞬の組み立て作業
《言語に関する知識の運用》
文を理解したり作ったりするための，脳／心や体の動き
たとえば
・語の検索：「“ドリップ”という語を言おう」
・発音の運動：「“プ”と言うには口をいったん閉じて…」

図 1　発話の仕事場はどうなっているか

ます。私たちは生まれてこの方、一度も話したことがない文でもリハーサルなしで話すことができ、一度も聞いたことがない文でも予習・復習なしで理解することができます。それが可能なのは言語についての基本的な知識を母語話者が共通に持っているからだと仮定されます。

図の上段にはその代表として、語や文の意味に関する知識(意味論的知識)、語の並べ方に関する知識(統語論的知識)、語の構造についての知識(形態論的知識)、音の配列に関する知識(音韻論的知識)を並べました。こうした知識を使って、分解可能な言語単位を積み木のようにそのつど組み立て直して無限の文を作っていくのです。これらは、通常は意識できない暗黙の知識といってもよいものですが、存在を納得することはできます。いくつか具体例をあげてみましょう。

何年か前に、清涼飲料水のコマーシャルに奇妙な生き物が登場したことがあります。砂漠の中の一本道を強面《こわもて》のお兄さんたちが大型バイクに乗って得意げに走っています。そこに、向こうから長い首、長い足に特徴的な焦げ茶色のまだら模様、どこからみてもキリンの集団がやってきます。ただ胴体が巨大なレモンだということをのぞけば。お兄さんたち、目をむいて驚くのですがそこに、軽やかな歌が重なります。

この生き物は？……
「レモンキリン」

「♪キリンレモン、キリンレモン〜キリンレモン♪」

でも、よく考えると(考えなくても)、レモンの胴体を持ったキリンは、「レモンキリン」ですよね。焦げ茶色のまだら模様が入ったレモンなら「キリンレモン」ですが……。こんな愚にもつかないことで同意を求められても困ってしまうかもしれませんが、あの生き物が「レモンキリン」であることは百人が百人賛成してくれると思います。「キリン」と「レモン」という二つの語をつなげるという簡単な作業にも、私たちが意識できないほど自然に従っている「主導権を握るのは後ろにくる要素である」という決まり事(形態論的知識)があることがわかります。

もう一つの例で統語論的な知識が現れる現場をみてみましょう。

「太郎は花子に自分の写真をみせた」

この文では、みせたのは誰の写真かというと太郎の写真です。花子の写真という読みにはなりません。「自分」は太郎と結びつけられます。ところが、次の文ではどうでしょう。

「太郎は花子が自分の写真をみせたと知った」

今度はどちらの写真か決められません。「自分」は太郎とも花子とも結びつけることができます。面白いのは、多くの人が理由を説明することができないにもかかわらず、全員が「自分」が誰を指すのかを指摘することができることです。よく考えると主語（のようなもの）と「自分」が結びつけられるのかなと思いつくのですが、いずれにせよ統語論的知識が備わっていることが窺えます。

図1の中段に示したのは、話し手が聞き手のことを考えながら効率よくコミュニケーションを進めていくための知識群で、語用論的知識と呼びます。多くの場合、一つの文というよりいくつかの文のまとまりといった大きな単位や、文をとりまく社会や世界の情報が関わってきます。

一例をあげてみましょう。出勤途中に出会った上司がこう話しかけてきました。

上司「いきなり二人置き去りだもの」

あなた「え」（誰かが酔った課長をおいてタクシーで帰っちゃったんだろうか）

上司「すごかったよね、奴のドリブル」

あなた「そうですか」(課の同僚で誰かサッカーかバスケをやる奴いたかな)
上司「君、みなかったの天皇杯の決勝」
あなた「はい、みました」(ああ、清水エスパルスの三都主のドリブルね)

上司はお気に入りのサッカー選手のドリブルがいかにすごかったかを伝えたかったようなのですが、情報の流れはスムーズとはいえないものでした。理由は三つの文が並ぶ順序にあるようです。

話し手は一番伝えたい、重要な情報からいきなり話しはじめました。ただしこれは聞き手にとってはもっともなじみがなく、共通の認識を持ちにくいものでした。これではウォーミングアップなしで運動を始めるようなもので理解の負担が最初から大きくなってしまいます。上司の発言の順序を逆にしてみてください。二人ともが知っている「サッカーの天皇杯」というところから会話を始めれば言いたいことがうまく伝わっていきます。

語用論的知識部門には、どのようにしたら聞き手の認知的、心理的負担を減らせるのかという知識が示されています。ここには、たとえばどのような敬語を使うべきか、男言葉を使うのか女言葉を使うのか、職業的専門語を使った方がよいのか、といった知識というより知恵とでも呼ぶべきものも含まれていると考えます。語用論的知識の一部は意識によってコントロールが可能だという点でもそう呼んでもよいのではないかと思います。

図1の下段に目を移しましょう。発話では、限られた時間の中で、抽象的な知識や知恵を具体的な音声に換えていかなければならないのですが、ここにはそのためのメカニズムやノウハウが詰め込まれていると仮定しています。「何をどう言おうか」という意図を満たすためにふさわしい文の統語的構造や語を検索・決定し、さらにそれらがどう発音されるかを指定するという、知識の運用部門です。

ところで、図の上段に置いた言語に関する「暗黙の」知識とその運用とが常に一致するとはかぎりません。それがもっともわかりやすい形で現れてくるのが言い間違いなのです。

本書冒頭で示した「みそら」の例を思い出してください。Uアナは「みやこ」と言おうとしたのに思わず「みそら」と言ってしまいました。重要なのは「言おうとしたのに」と「思わず」の部分です。あの場面で故意に間違ってやろうなどとは思わないでしょうから、上段の知識からは当然「みやこ」という意図が送られたはずです。しかし、それが音声化される過程で、本人にも気づかれず「みそら」となって出てきてしまったわけです。「思わず」というのは、運用部門か仕事場のどこかで、意識によるコントロールが及ばないミスがあったことを示しています。

ある認知科学者はこうした誤りの場面を「将軍（知識）は戦いに勝つためのプランをたてるが、そこには兵士たち（運用の現場）が行進を始めるのが右足からか左足からかは含まれていないのだ」と述べています。[1] 本書でとりあげる言い間違いは、下段部分の運用面での失敗であるといえます。

「本物」の言い間違いを探す

誤りというからには、基準となる正しい形があって、それから逸脱している、ということなのですが、実際に言葉が話されている場面をみると、どれが誤りでどれがそうではないのかはそう簡単に決められないことがわかります。

そこで、とある喫茶店のカウンター越しのやりとりという設定でいくつか例をみていきましょう。まずは、基準になる逸脱のない文からです。

［事例1］　常連のお客さんの一人Aさんがカウンターの向こうのマスターに向かって話し

かけます。

「おいしかったです。コーヒーはドリップに限りますね」

［事例2］　でも、時にはこんなふうに口がすべってしまうこともありますね。

「おいしかったです。コーヒーはドルップに限りますね」

「ドルップ」――どうも変なのでこれは誤りだとすぐわかります。「みやこ」と言おうとして「みそら」と言ってしまった誤りでは実在する語と語が置き換わっていたのですが、「ドルップ」などという語はないので、この例は語のレベルで起こった誤りではなさそうです。

［事例3］　Aさん、あわてて言い直します。

「いまドルップって言いました、ドリップですよね」

［事例4］　では、こんなのはどうでしょう。

「おいしかったです。ドリップはコーヒーに限りますね」

一瞬、聞き逃してしまいそうになるのですが、「ドリップ」と「コーヒー」が現れるはずの位置がそっくり交換されています。今度は文中に登場する語も音も正しかったのですが、その順番に誤りが生じたようです。

［事例5］　Aさんはかなりのコーヒー好きのようです。ある日マスターにこんなふうに話しかけました。

「ドリップがいいのはお湯の温度調節がしやすいからだよ」

マスターはちょっとムッとしたようですが、プロとしての冷静さを失わず、こう続けました。

「それに豆に余分な負担がかからないしね」

Aさんの発言は文法的に正しく、状況を無視してこの一文だけ取り出せばまったく問題ありません。しかし、マスターがムッとするのもわからないではありません。円滑なコミュニケーションという観点からはやや難あり、といったところでしょうか。

［事例6］　Aさんの最初の話を聞いていたBさん、こんなふうに切り出しました。

「ドリップよりもオレはブルーマウンテンがいいな」

これも間違いといえば間違いです。ドリップというのはコーヒーの抽出方法の一つで、豆の種類の名前ではありませんから比べるのはちょっと変です。そもそもBさんには、「ブルーマウンテン」と同じく「ドリップ」というのは豆の種類なのだという勘違いがあるようです。

［事例7］　マスターに話しかけるのはいつも日本人ばかりとはかぎりません、来日間もないイギリスからの留学生Cさんはこんなふうに言いました。

「オイシイ、デシタ。コヒーガ、ア、ハ、デスカ、コヒーハドリップニカギリマスネ」

Cさんはまだ、日本語に自信が持てないらしく、慎重に言葉を探しながらわかる範囲で話しているのですが、誤りがところどころに出てきます。それを聞いていたBさん、名誉挽回とばかりにアドバイスを試みます。

「Cさん、おいしいでした、じゃなくておいしかったです、だよ」

「ア、アリガトウゴザイマス、デモ、ドウシテデスカ、アメデシタ、イキマシタ、シズカデシタ、ミンナ、「タ」ガツクノハ「デス」ヤ「マス」ノアトデスヨ」

「そりゃあ、ねえ、日本語のきまりだから……」

Bさん、困ってしまったようです。

［事例8］　お笑い好きのBさん、ここはこんなふうに謝って逃げるしかありません。

「すんまそん」

一同爆笑です。


［事例9］　ここにマスターにとっては油断のならない人物がやってきました。毒舌かつコーヒー通で知られるDさんです。Dさんは一口飲むと、意地悪な目をしてこう言いました。

「おいしいねこの紅茶、沸騰したお湯でドリップしないと出ない味だ」

この例は「コーヒー」と言うべきところを「紅茶」と言い間違っているわけですから表面的には「みそら」と同じ語の言い間違いにみえるのですが……。


さて、こうした逸脱例がすべて言い間違いかというとそうではありません。この中でそう呼べるのは二つだけです。さて、どれとどれが該当例で残りとの違いはどこにあるのでしょう。

事例の分類から入りましょう。先ほど「言おうとしたのに」「思わず」が重要であると述べました。それに沿って「思った通りのことを言っている／いない」「発話時に意識のコン

表1　発話の分類

	意識のコントロールが及ばない	意識のコントロールが及ぶ
思った通りのことを言っている	(あ)	(う)
思った通りのことを言っていない	(い)	(え)

トロールが及ぶ／及ばない」の二つの基準を組み合わせると表1のような四つの区画を持つ表ができあがります。

まず、(あ)欄の、意図した通りのことを、意識のコントロールなしにスラスラと言うという区画には当然のことながら、[事例1]の基本形が入ります。

また[事例6]もここに入ります。Bさんはたしかにコーヒーの抽出法と豆の種類の名前を勘違いしていて本来比べられない二つを比べているのですが、本人はこれで正しいと思っていて、意図通りの発話をしているので通常の発話と同じ(あ)欄に入ります。いわゆるラ抜き言葉やことわざの誤解(「情けは人のためならず」を、人に必要以上の情けをかけるとその人のために良くないからかけてはいけない、と解釈するなど)から誤った敬語の使い方にいたるまで、言葉の誤用と呼ばれているものの多くは話し手本人が正しいと信じて発話しているので、やはり(あ)欄に入ります。[2] 社会的規範からの逸脱と発話の意図からの逸脱とは別物とみなします。

この他にも［事例8］の笑いを誘うための故意の言い間違いもここに入ります。規範的には誤りでも本人が意図して発話しているわけですから。実はこの事例はおさるというお笑い芸人の持ちネタなのですが、関西出身の方はチャーリー浜の「ごめんくさい(ごめんください)」を、ドラマ好きの方は木村拓哉の「よろしこ(よろしく)」を思い出すかもしれません。これらには共通する特徴があります。あいさつや決まり言葉をわざと間違って笑いをとることです。笑いを引き出す要因の一つが、ある予測が裏切られることにあるとすれば、創造的な発話では次に何が話されるかわからないので裏切られるべき予測が生じにくいという理由が考えられます。もう一つは、通常言い間違いはあいさつのような決まりきった表現にはめったに現れません。そこを逆手にとって意外性を出しているのかもしれません。

(い)欄には本書で呼ぶ「本物」の言い間違いが入ります。「Xと言おうとしたのに思わずYと言ってしまった」［事例2］と［事例4］です。これらの誤りについては次章以降で詳しくみていきます[3]。

(う)欄には［事例7］がもっとも近いと考えられます。意図通りには話しているのですが、知識のレベルではCさん独自の類推を行って不足部分を補っていますし、運用のレベルでは確認をとりながらいわゆるカタコトの発話を行っているので、「思わず」出てしまった誤りとは言いにくいところがあります。ところで、このCさんの反論はもっともな面もあります。最近では日本語教育の領域で、外国語学習者の誤用はむしろ日本語の文法そのもののねじれや不備を教えてくれるものとして注目されています。[4]

(え)欄にはどんな発話が該当するのでしょう。意図通りではないことをスラスラと言っているというのはいかにも不自然で通常の場合にはここは空欄になるでしょう。ただ、あえてあげるなら[事例3]の一部があてはまるかもしれません。Aさんは「ドルップ」と言ってしまった言い間違いをここで繰り返しているのですが、これは明らかに最初の誤りとは質的に異なるものです。彼は言い間違いを意識的に反復しているのです。心理的な面からいえば、言い間違いをしてしまうと多少はどぎまぎしたり、顔を赤らめたりするものですが、[事例3]のような発話をしたとしても、Aさんはあわてたりすることはないと予想されます。

ところで、残りの[事例5、9]はどの欄に入るのでしょう。どちらも一筋縄ではいかない「誤り」です。まず、[事例5]は本来(あ)欄に入るはずのものです。ところが語用論的知識(図1中段)の部門からの調整が失敗してしまい、文法的にはまったく正しいのに、コミュニケーション上は、ちょっとしたささくれを生じさせる発話になった例だと考えられます。これを理解するには「情報のなわばり理論」という考え方が有効です。[5]

表2　情報のなわばり

		話し手のなわばり	
		内	外
聞き手のなわばり	外	「〜よ」「〜だ」（直接形）	「〜らしい」「〜ようだ」（間接形）
	内	「〜よね」「〜だね」（直接「ね」形）	「〜らしいね」「〜ようだね」（間接「ね」形）

この理論は、文によって表される情報は話し手、聞き手それぞれのなわばりの「内」と「外」で区切られる四つの区画のどれかに収まるという仮定から始まります。そしてそれが、もっともわかりやすい形で現れるのが文末形であるとされています（表2）。

通常は、話し手は自らのなわばりの内側にある情報に対しては「〜よ」「〜だ」といった直接形を用いて述べます。たとえば生年月日などは個人的な情報で、話し手のなわばりの「内」に入りますから、

「僕の誕生日は八月十六日だよ」

となります。反対に、

「君の誕生日は二月十八日だよ」

のような文は、記憶喪失になってしまった友人に話しかける、といった特別な状況を想定しないかぎりは不自然な文になります。聞き手のなわばりの「内」にあるものに直接形で言及

しているからです。

また、自らのなわばりの「外」にあるものに対しては話し手は「～らしい」「～ようだ」といった間接形を用いるのが自然です。たとえば、話し手も聞き手も北海道出身でお茶の専門家でもないとすると、

「静岡のお茶はおいしいらしい」

となります。英語などではここまでの原則で直接形、間接形が決められるのですが、日本語ではさらなる原則が必要であると提案されています。それは、情報が聞き手のなわばりの「内」にある時には、「聞き手を無視することは避けて、そのなわばりへの侵入を避けよ」というものです。その場合には、話し手と聞き手が同一の情報を持っていることの標識として文末に助詞「ね」を付けるのが普通です。

たとえば、北海道出身であっても静岡の大学を卒業した話し手が、静岡出身の聞き手に話す場合はどうでしょう。話し手は個人の経験上、静岡の茶について自らのなわばりの「内」に入れて話すことが可能になっているのですが、聞き手が静岡出身であるとわかっている時には、

「静岡のお茶はおいしいよね」

がもっとも自然になります。静岡のお茶は聞き手にとっても「内」であるので、いくら自分の「内」であるからといって直接形を用いてしまうと聞き手のなわばりに土足で踏み込むことになり、聞き手はおもしろくない思いをするはずです。そこで、「ね」を用いて、聞き手への配慮を示しつつ、その情報について言及するわけです。

[事例5]を思い出してみましょう。「コーヒーの抽出法としてドリップ式はすぐれている」という情報は、常連のAさんにとっては「内」の情報でしょう。しかしこれは、職業的専門性を考えれば当然聞き手のマスターにとっても「内」の情報です。ここでAさんはこの情報が自分だけのものであるかのような文末形を使ってしまいました。そこにマスターはムッときたのでしょう。それに対する補足の情報提供で、お互い「内」なのを承知で「ね」をつけて返したあたり、マスターの大人の配慮を感じます。[事例5]のような発話は「語用論的誤り」と呼べなくもありませんが、意図通りの発話なので「本物」の言い間違いとはいえません。

もう一つ残された[事例9]は、誤りの形を借りて聞き手に言外の意味を推測させる高等戦術です。私たちの会話はいくつかの基本となる約束事によって成立しています。(6) 代表的なものとして、

・必要な量の情報を伝えなさい
・間違いや証拠のないものは言わない
・関連のある事柄だけを述べなさい
・簡潔に秩序だてて話しなさい

という「会話の公理」と呼ばれるものがあげられます。通常はこれらが守られることが前提となって会話が進められていくのですが、故意に守られなかった時には、そこに表面形で伝えられる以外の情報を聞き手に推測させることで特別な意味合いが生じると仮定されています。

［事例9］では、カウンター越しのいわば専門家どうしのやりとりで、「コーヒー」を「紅茶」と呼び間違うことなどありえない状況で故意に「紅茶」と呼ぶことで、話し手は聞き手に「あなたのコーヒーはコーヒーとは呼べないほどまずいものですよ」ということを推測させたがっているのです。

最近では、発話の意味は文脈情報に照らし合わせて、聞き手が最少の処理コストを払って最大の関連性を得るために能動的に決められていく、という考え方も提案されています。(7) この考え方では、目の前にコーヒーが出されているのに紅茶と言っているやっかいな発話の意味を最少のコストで引き出すには、話し手は皮肉を言っているのだと解釈するのが最適だということになります。

いずれにせよ、この事例の話者の意図には、会話全体として言外の意味を伝えたいという意図も意識的に含められています。加えて、発話そのものはスムーズに行われています。したがって、(あ)、(う)、(え)欄の中間に入るのではないかと考えられます。

もう一つ、興味をそそる発話例として子どもの「間違い」も紹介しておきましょう。大人の発話には決して、あるいは稀にしか現れない特徴的な例が出てきます。たとえば、手許にある記録をみると、ある子どもは一歳十一カ月から二カ月間、次のような「奇妙な」動詞を自ら作り出して使用しました。

「(戸棚からおもちゃを出そうとして)ダッスル」(一歳十一カ月)

「(テレビを消す、ろうそくの火を消す場面で)ケッスル」(一歳十一カ月)

「(おもちゃが壊れた時)ナオスル」(二歳〇カ月)

どうやら造語力の強い「〜する」という動詞を過度に一般化して、「〜す」で終わる動詞では未完成だと思い、あたかも動詞を作るための接尾辞のように「する」を付加しているようです。もちろん、周囲の大人は「けっする」や「なおする」などと言いませんからまねでは

表3　発話の分類

	意識のコントロールが及ばない	意識のコントロールが及ぶ
思った通りのことを言っている	通常の発話，子どもの「間違い」，大人の誤用	カタコトの外国語
思った通りのことを言っていない	言い間違い	誤りの繰り返し

皮肉

ありませんし、訂正しようとしても二カ月間は信念を持ってこれらの形を使用していました。

また、子どもたちがこんなふうに言うのを聞いたことはありませんか。

「オスクリチョーダイ」（三歳六カ月）

「エベレーター」（三歳五カ月）

もちろん、すべてがそうではないのですが、多くの場合、子どもは「おすくり」が変だとは思わずに発話しているようです。こうした子どもの発話は、表1では(あ)欄に属する可能性が高くなります。

以上をまとめると表3のようになります。(あ)欄に多くの事例が集まってしまいましたが、これは、逸脱に見える発話が、発話のメカニズム上は、問題なく意図が音声に換えられていることが、実は多いのだということを示しています。

言い間違いの定義

ここで、本書で言い間違いと考えるのはどのようなものか整理しておきましょう。表3では「意識によるコントロールがきかないレベルで起こる、言おうと思ったことからの逸脱」という一画に位置していました。基本的な定義もこれに沿って「故意にではない、発話の意図からの逸脱」としておきます。他の欄に分類された逸脱の内容を含めて補足するならば、語用論的な意図を満たすための故意の言い間違いや規範からの逸脱も排除されます。また、ここでは、日本語を母語とする話者の誤りに限定し、外国語として日本語を習得中の話者の学習上の誤りも排除します。

さらに付加的な条件を加えると、本書の言い間違いデータには、ニュース番組でのアナウンサーのとちりなど、明らかに原稿を読んでいる時に生じたと推測される誤りは含まれていません。これは、読み間違いと言い間違いは、出力形こそ似ているものの、まったく同じ過程で生じるのではないと考えているからです。言い間違いには生じても読み間違いには生じにくいタイプの誤りがありますし、その逆のタイプもあることが根拠になっています。また、吃音《きつおん》のように同一人物に繰り返し現れるような誤りも含まれていません。吃音のデータは発話のメカニズム解明に向けて有力な証拠を提供してくれるものと期待されますが(8)、両者は同じに扱うべきではないと考えています。最後に、アルコールの入った席での不正確な発音も言い間違いには含めませんでした。健常な言語運用能力を反映しているとは思えないから、という理由に賛成してくれる同好の士は多いと思うのですが。

ここまでの観察から、本書で言い間違いと呼ぶものは「成人の、健常な言語能力を持つ日本語を母語とする話者が、故意にではなく行った、発話の意図からの逸脱を指す。読み間違いやごく打ち解けた場面での不正確な発音はこれに含めない」ということになります。本書の主人公である約三千例の言い間違いは、すべてこの基準に基づいて自然発話からカード記述、テープ起こしを通して収集されたものです。

次の章では、言い間違いから何がわかるのかを、分析方法とともにみていきましょう。

三　コワレてわかる言葉の部品

言葉のお城が壊れる時

言い間違いでは、ある要素が付加されたり、欠落したり、別の要素にとって代わられたりするのですが、そうした要素がどのような言語単位に相当するのかは興味深いところです。結論からいえば、言い間違いには、言葉を発するメカニズムの背後にある部品や設計図である、基本的な言語単位と構造が忠実に反映されます。

これまでの研究では、言い間違いは間違いだからといって、決して無秩序に起こるわけではなく、多くの場合、誤りでとって代わる要素と、とって代わられる要素は、同じ言語学的単位に属することが確認されています。たとえば、音韻に関するレベルであれば母音は母音、子音は子音と、また文法に関するレベルでは助詞は助詞と入れ換わるという具合です。つまり、突如としてまったく発音不可能な音連続やその言語にはないような語順が出現したりすることはなく、語や文の構造は誤りの後も維持されます。

これを一つ一つあたっていくと、前章の図1の上段に示した、言語に関する知識の部門に準備されている素材ともいうべき言語の単位が、現実的な形で明らかになります。積み木遊びで見事に組み上がったお城を想像してみてください。建っている時はわかりにくいのですが、それがひとたび崩れると、どんな形の積み木がどのように組み合わされているのかが、とたんに明らかになります。ここで重要なのは、積み木一個分の境目以外では決して崩れない、という前提があることです。いくらお城が崩れたからといって一個の積み木自体が割れたり裂けたりするわけではありません。だからこそ崩れた時に部品が確認できるのです。また、何回か建てたり壊したりしているうちに、ある形を作るためにいつも決まった組み合わせになる小ユニットと、すぐに離れてばらけてしまう部分があることにも気がつくでしょう。

言語の場合もこれとよく似た構造を持っています。分解可能な単位を組み合わせてより大きな単位を作り、さらにその単位を組み合わせて、という循環を繰り返して文が作られていきます。その中には結合が強く分かちがたい単位もあれば、何かの拍子に壊れて、離れてしまいやすい単位の接合部分もあります。その何かの拍子の崩れ、見方を変えれば観察のチャンスが言い間違い、というわけです。言い間違いで変化があった単位、あるいは変化が起こりにくかったまとまりは、実際の言語運用に関係した単位ですから、単なる言語理論上の仮想物ではなく、何らかの心理的な実在性を持つとみなすことができます。言い間違いの場合は、好都合にも、故意という話者のコントロールが働いていないので、正直に心の中の作業を反映しているといえます。

もう一つ面白いのは、積み木の例で述べた言語単位の接合部分の強さは、様々な言語ごとに異なっている可能性が高いことです。誤りを通してみることで、より実践的な比較研究ができるのではないか、という期待もできます。本書では、英語の実例と対照させる場面が出てきます。

どんなタイプがあるのか

言い間違いで「動く」単位は、言語学で提案されてきた単位で記述できるとお話ししました。そこで、誤りが生じた要素が属する言語学的なレベルと誤りのタイプとを組み合わせることで言い間違いの分類が可能になります。

まずタイプからみていきましょう。わかりやすさを考えて、語のレベルで生じた誤りにしぼって具体例をあげていきます。先ほど、言い間違いは発話という手品のタネをばらすきっかけであると述べましたが、タイプの分類をする際には、それこそ手品の時に観客を驚かせるテクニックを思い浮かべてもらえたら、ほぼそれと一致します。あるはずのない場所にものが現れたり、あるはずの場所から消えたり、消えたものが別の場所に現れたり、別のものに入れ換わったり、左右が交換されたり、二つのものが一つになったりといった具合です。基本は以下の六つのタイプです（傍線部分は誤り、カッコ内は話者の意図）。

・付加型

「……でおなじみの草野仁さん司会の司会でお送りする」（草野仁さんの司会で）

〈「司会」が付け加えられている〉

・欠落型

「今日はわざわざ――から（笑い）わざわざ香港からおいでになった……」

〈「香港」が欠落している〉

・代用型

「チャゲと同じデパート、デパートじゃないマンション」

〈「マンション」が「デパート」にとって代わられた〉

・交換型

「アパートのある風呂はいい」（風呂のあるアパートはいい）
〈「風呂」と「アパート」の位置が交換されている〉

・混成型

「てんどうと呼ばれてましたから」（天才／神童）
〈「天才」と「神童」が混ざりあって一つになってしまった〉

・移動型

「専門のがいしゃ会社が」（外車専門の会社が）
〈「外車」が他の場所に移った〉

この中でもっとも頻度が高いのは代用型で、全体の八〇％を占めます。ついで欠落八％、交換五％、混成二％の順となります。この順はきわめて自然であるといえます。誤りによって、言語を構成している要素に異変があったとしても、別の要素が代わりに収まってくれれば少なくとも量的なバランスは崩れないからです。

どんな単位で起こるのか

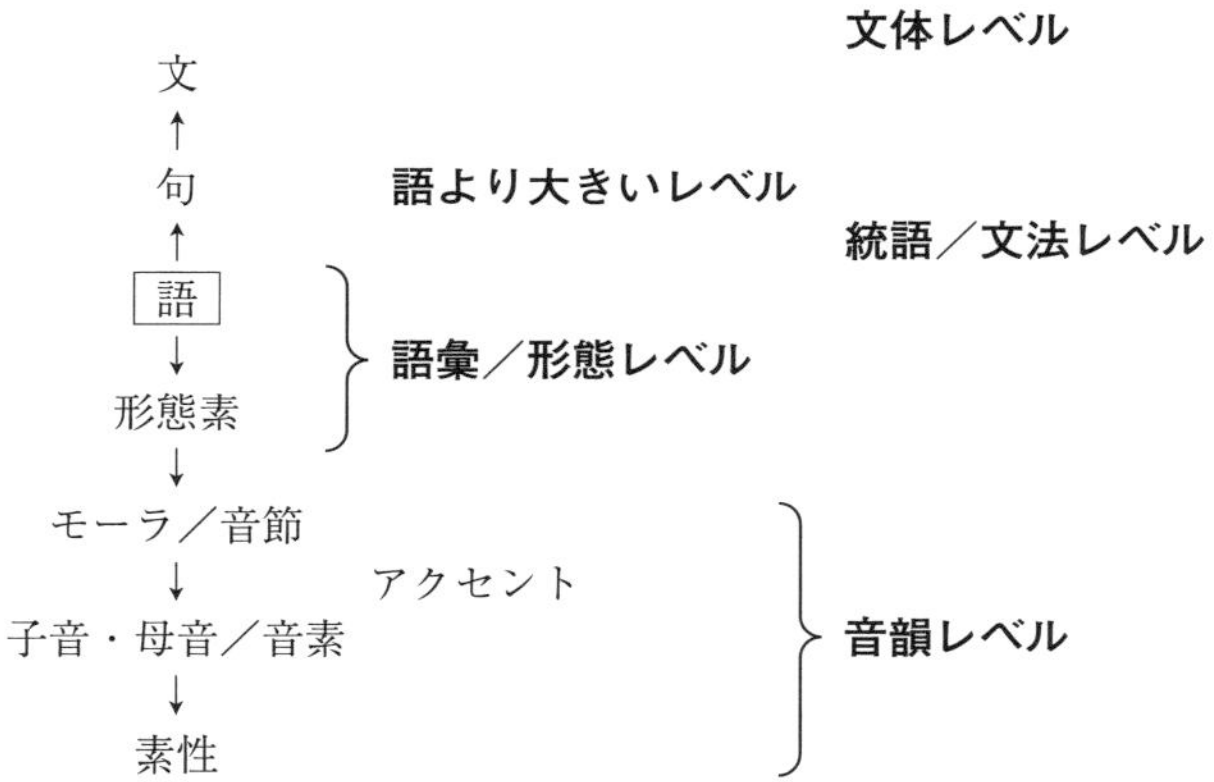

図2　言い間違いはどのレベルで起こっているのか？

次に、言い間違いが生じる単位が、どのような言語学的レベル（図2）に属しているのかをみていきます。この記述にあたっても、もっとも身近な単位であると思われる語から始めて、それをどんどん小さく分解していった時の言語学的な単位が動く言い間違いがあるかを探します。つづいて、語よりも大きな単位と文法的な単位が関連する誤りに目を向けます。

具体例をみながら説明していきましょう。

［語彙／形態レベル］

語——語は発話の意図を組み立てる際に、もっとも意識しやすい単位であると思われます。日常生活でも、ふと言葉が出てこなくて、喉元まできているのに、とイライラすることがありますが、そんな時の単位はたいてい語です。ただし、文法的な部分は別で、「行かない」か「行くない」かどちらだったかしら、などと動詞の活用や「が」や「を」といった助詞が出てこなくて困る、ということは健常な状態ではあまり経験しません。

記憶と密接に結びついていることからみて、文を組み立てる材料として、語という単位は「心の中の辞書」ともいうべき情報集合体に貯蔵されていると考えられます。その中の語彙項目は意味的／統語的情報、形態的／音韻的情報を何らかの形で与えられており、同時に発話が高速かつ効率的に行えるよう整備されていると仮定されています。語を単位とする誤りは、この辞書へのアクセス間違いを反映していると考えられます。ここでは、意味的な類似性に基づくと思われる代用と、音韻的な類似性に基づくと思われる代用をあげておきます。

「鑑賞用としてはともかく、主食、えー、食用とするにはちょっと」

「またの名をおからの佐藤」（おけら）

意味と音の要因がどのように関連するかは第五章で詳しく述べます。

形態素――意味をなす最小単位は形態素と呼ばれます。語は一つ、あるいは複数の形態素に分けることができます。「孫たちに囲まれて幸せだ」の「たち」は単独では登場できませんから独立した語とは認めにくいのですが、「親たち」「選手たち」といった語をみてもわかる通り、「複数」という意味をになっているので一つの形態素と数えることができます。「孫たち」は二つの形態素からなります。

形態素は、その理論的意味合いに基づいて次のようなさらに細かい分類が可能です。[1] 漢語を例にとると、まず、〈語根〉と呼ばれる、もっとも小さい形態単位である一字漢語（「国」「際」「訪」「米」など）が置かれます。その上のレベルに〈語幹〉と呼ばれる、〈語根〉+〈語根〉で形成される二字漢語（「国際」「訪米」など）がきます。ここで、そのまま独立で用いることができる〈語幹〉は〈語〉に格上げされますが、独立のために接尾辞や他の要素を必要とする〈語幹〉は〈語〉にはなれないとされています。「訪米」は〈語〉になれるのですが、「国際」などは「会議」や「関係」などの後続要素が必要なので〈語幹〉どまり、ということになります。

この分類による〈語〉、〈語幹〉、〈語根〉それぞれに該当する言い間違いが観察されています。以下の実例はそれぞれ、〈語根〉の移動、〈語根〉の代用、〈語幹〉の代用、接尾辞の欠落ということになります。

「下り線交通量は多くなっていますが、流れせん、流れは順調です」
「巨人は十安打で八あん、八点です」
「楽しい新婚、修学旅行の帰りに」

「顔もちょっと個性—すぎるしね」（個性的）

頻度をとると、〈語根〉の欠落と代用が圧倒的に多く、しかもそれらは仮名二文字分（正確には二モーラ分。すぐ後で説明します）からなるものが多いという結果を得ました。たとえば、最初の例は音韻的な誤りにみえるのですが、形態論的な見方をすれば、意味を持つ要素「線」が既出の「下り線」の一部を保って動いたと解釈することができます。

［音韻レベル①——モーラと音節］

モーラ——日本語では基本的には子音＋母音で一つのまとまりをなし、その一つ一つがほぼ同じ時間をかけてリズミカルに発音されます。その時の音韻的単位がモーラあるいは拍と呼ばれるものです。やや乱暴な言い方をするなら、俳句や短歌を作った際に、五・七・五（・七・七）の型に収まっているかどうか確認する時の指折りの一回分が一モーラです。東京方言をはじめとする多くの方言では、語の長さはモーラ単位で分節されます。「にほんご」ならば「に・ほ・ん・ご」と四回折れますから四モーラ分というわけです。視覚的には拗音（ちゃ、ちゅ、ちょ、など）の場合を除いて、仮名文字一つ分がちょうど一モーラに相当します。

モーラには言語生活に深く根ざした音韻単位という側面もあります。方言ごとのアクセントの決まり方の多くも、また回文やしりとりなどの言葉遊びの多くも、このモーラを単位としています。そのため、日本語に特徴的な言い間違いを探る上で、そのふるまいがもっとも注目される単位といえます。次の例はそれぞれ、モーラを単位とした付加、欠落、代用、交換の誤りとみなすことができるものです。

「さて、しょかくのみかくのさやえんどうの出荷が」（初夏の）

「こそっとねらって出番をうかう」（うかがう）

「かたま、頭が固い」

「アドブリ」（アドリブ）

音節――音節は、その部分がまとまりよく聞こえるという「聞こえのピーク」をつくる音の単位で、子音と母音からなるまとまりです。普通は子音より母音の方がよく聞こえるので、母音を中心に、前後に子音を従えた構造が基本になります。英語では、語の長さを測る単位はこの音節です。

子音＋母音のまとまりというと、モーラと同じで区別する必要はないようにみえます。たしかにモーラと音節は重なる部分が多いのですが、完全な一対一対応にはなりません。モーラでは、聞こえの度合いが低くて音節の定義ではカウントされない子音的な要素や自立性の低い母音的な要素も、一モーラの資格を持つからです。はねる音（撥音「さん」の「ん」）やつめる音（促音「かった」の「っ」）、また引き音（「カード」の「ー」）、や連母音の後半部分（「こい」の「い」）が音節とモーラの重なりからはみ出すメンバーで、非自立モーラと呼ばれます。

ここで、「さん」と"sun"を例にとって、音節とモーラの構造を比べてみましょう（図3）。「ん」の聞こえの度合いが低いので「さん」は全体で一音節ですが、「ん」は「さ」とほぼ同じ長さを保って発音される一つのモーラとしてカウントされるので、一音節内に二モーラが

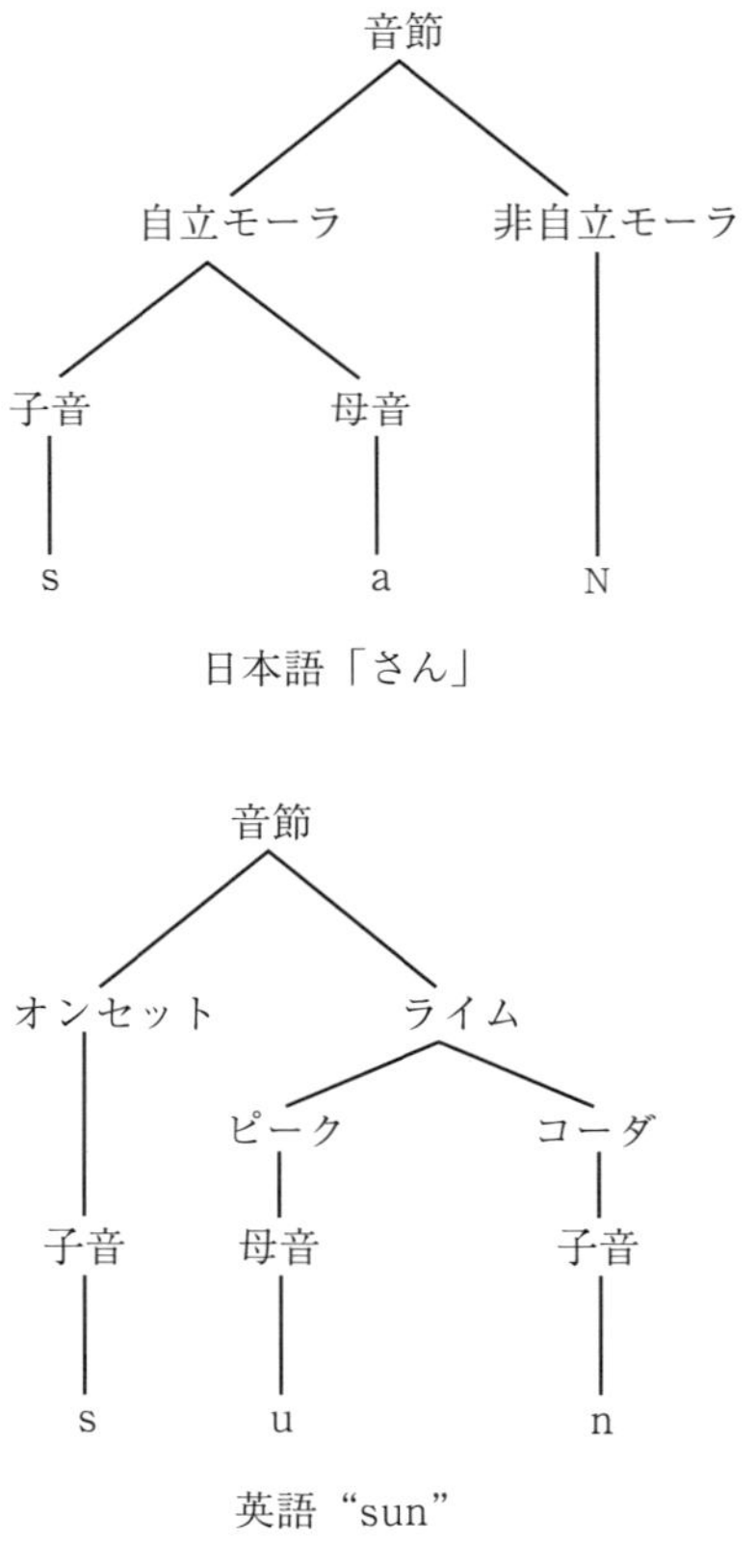

図3　日本語のモーラと英語の音節

入る構造が生じます。一方、英語の“sun”は、言うまでもなく一音節の語で、“su”と“n”などには決して分割されません。オンセットと呼ばれる先頭の子音(群)と、ライムと呼ばれる中心の母音プラス後続子音(群)のまとまりという分割になります。またリズムの単位としてみると、「さん」に合わせた手拍子は「タン　タン」、“sun”では「タン」になります。

では音節を単位にしているようにみえる言い間違いをみてみましょう。

「チャーハンとすーか、中華スープ食いに行く」

「かんすいせん」(潜水艦)

前述の通り、日本語ではモーラと音節とが重なることが多いので、言い間違いの分析においてもモーラの誤りか、あるいは音節の誤りかがあいまいになってしまう場合が多くなります。たとえば、最初の例は直後の「スープ」の「スー」を先取りした音節の代用か、「ス」の部分のモーラの代用か、はたまたs＋uの子音sの代用かを明確に区別する手順はありません。

では、音節という単位は不要かというと、答えは否で、対照研究に欠かせないものです。音節は英語を中心とする先行研究において、言い間違いが生じる際に明らかになる音韻単位のまとまりに関する法則を述べる時にしばしば登場します。英語の言い間違いでは音節全体が動く誤りは稀であること、音節内のオンセットやライムの位置を保持するように音韻的誤りが起こることが知られています。[2]

英語の例もみてみましょう。

poppy of my caper　(copy of my paper)

the round got pounded　(raft)

最初のものはオンセットどうしが入れ換わっていますし、二番目の方はライムが動いています。

［音韻レベル②――分節音(子音と母音)］

子音――言語音は呼気(肺から出てくる空気)に細工がなされて発せられる音です。その中で子音は呼気の流れがせき止められたり(パ行やタ行を言いだす時)、著しい狭めで擦《こす》られたり(サ行やザ行)、鼻にぬかれたり(マ行やナ行)、というように大きな邪魔があって出される音です。

次の例はそれぞれ子音の交換、代用の誤りです(本書では、わかりやすくするために、ローマ字とモーラ記号を/ /で囲んで実例に添えることがあります。たとえば、大文字の「N」は撥音「ん」を表します)。

「けんたくさご /ke N ta ku sa go/」　(洗濯かご)

「あまり人気のたい /ta i/ とりです」　(人気のない鳥)

母音——母音は子音と反対に呼気が声道内であまり邪魔されずに発せられる音です。「ア、イ、ウ、エ、オ」と考えればよいでしょう。

次の例はそれぞれ母音の交換、代用の誤りです。

「いもな /i mo na/、いまのお気持ちは…」

「ふみきれ /hu mi ki re/ の上にいます」（ふみきり）

音素——音韻的な言い間違いの単位は、子音や母音のような具体的な発音単位としての側面と、発音のために脳／心の中に準備されるひな形を形作る要素としての抽象的な側面を含むものとします。抽象的な音の単位は音素と呼ばれます。(3)

［音韻レベル③——さらに小さな単位］

素性《そせい》——子音、母音よりもさらに小さな単位も言い間違いの分析に有効です。素性とは、発音の特徴をその方法、位置ごとに分解し、その有無をプラス・マイナスの値で表現した、もっとも小さな単位です。

たとえば、次の例は「パ」と言うべきところを「バ」と言ってしまった誤りです。

「バイバス /ba i ba su/」（バイパス）

表4　素性でみるp, b,nの違い

	p	b	n
母音性	−	−	−
子音性	＋	＋	＋
継続性	−	−	＋
鼻音性	−	−	＋
有声性	−	＋	＋

ここでは、子音pとbの誤りという解釈もできますが、両者の違いを素性で示すと表4のようになります。これをみると、[p]は呼気が声道をスムーズに流れていかない子音で([−母音][+子音])、唇をいったん閉じてパンと破裂させる、長く続けられない種類の([−継続])、鼻に呼気をぬかない([−鼻音])、声帯が振動しない([−有声])音であり、[b]は有声性の有無のただ一点だけが[p]と異なる音であることがわかります。このことから、この誤りは素性を単位とする誤りであるとみることもできます。

このような素性の値の違いは、誤った音の類似性を測定する目安として用いられます。たとえば、素性の違いが一であるpとbとの間の誤りが、三であるpとnとの間の誤りよりも頻度が高かったとしたら、発音の類似性が誤りに関係しているとみなす傍証になります。実際、音韻的な代用ではそのような傾向がみられます。

［音韻レベル④——その他］

複数モーラ——起こる頻度は低いのですが、複数のモーラが関わる誤りもあります。次の例

をみてください。

「てま、へやにとめてもらおう」

「へや /heya/」の母音部分のひな形/_e_a/が維持されて、そこの空欄（スロット）の子音部分に後続「とめて /tomete/」の子音/t/と/m/が入ったようにもとれる例がみつかることがあります。語の音韻的輪郭を知る上で面白い誤りといえます。

アクセント――本書の資料ではアクセントの誤りの収集は積極的には行われていません。話者がどの方言話者であるのかを同定することが難しいケースが多かったためです。次のような、簡単な記述にとどめます。

「健全育成にしょうがいがある」（「障害」が「生涯」のように高低低低となった）

ただし、言おうとしている語のアクセントが心の中での語彙の検索や選択に何らかの影響を与えている、という観点は重要でしょう。

［語より大きいレベル］

句――複数の語で構成されるまとまりを単位とする誤り。最初の実例は句の欠落、二番目は句の混成と考えられます。

「おじさんは鳥の写真を――でかけに、撮りにでかけた」
「ご注意をつけになってください」（ご注意ください／お気をつけになってください）

［統語／文法レベル］

助詞――日本語において、主語は何か、目的語は何かといった文法関係は助詞によって決められます。この助詞にも誤りが生じます。代表的な助詞の種類として、文の構造に直接関与する「が」「を」のような格助詞、「も」のように意味を付加するための助詞（副助詞）、語用論的なレベルに関わる終助詞までをあげることができます。どの助詞にも誤りは起こるのですが、頻度をとると明確な差が現れます。文や句を構成するのに不可欠でそれ自体は意味を持たない格助詞（「が」「を」「に」「の」）どうしの間で誤りが生じることが圧倒的に多く、これに動詞の意味によって決まってくる「から」や「で」がからむ誤りが続き、終助詞はほとんど誤りには関わりません。

文法的役割をになう助詞は、語ではあっても、独立した意味単位をなす語とは異なる種類に属します。助詞や助動詞は機能語、独立した意味を持つ語は内容語と呼ばれます。音声面だけをみれば、助詞の「が」や「に」は一モーラ語の「蛾」や「荷」と同じなのですが、言語知識の運用という点で両者は違った場所にしまわれているようです。たとえば、言い間違いでは機能語と内容語の間で誤りが起こることは稀ですし、あるタイプの失語症では内容語は問題ないのに、ほとんどの格助詞が欠落してしまうという症状が報告されています。[4]

ここであげる最初の例は格助詞の代用、二番目は「起点」や「着点」といったそれ自体意味を持つ助詞の誤り、三番目は珍しい例として疑問の助詞と接続の助詞の間の誤りです。

「本人が楽しまず、人が与えた時楽しいわけがない」（人に）

「おばさんがむこうまで、むこうからずーっと来て」

「Aの人と親しくなりたい時はどこかどこか」（どこと）

活用——日本語では動詞、形容詞、助動詞は後続の要素に合わせて語尾変化をしなければなりません。この活用は語彙項目ごとに決まってくるもので、形態部門の仕事と統語部門の仕事の両方にまたがると考えられます。実例を見てください。

「子どもを公立小学校にかよわさ、かよわせている」

興味深いことに、誤った活用形を用いてしまうということはあっても活用が抜け落ちて語幹部分が宙ぶらりんで残ってしまうという誤りはありません。

否定——文全体の構造を決める位置に生じうる要素として、ここのレベルに置きます。実例では否定辞が欠落しています。[5]

「そんな思いをさせたく｜ために」（させたくない）

助動詞——受身や使役など多様な意味を与える助動詞を単位とする誤りも存在します。実例では使役の助動詞が欠落しています。

「娘を前にたたせてつかまっ｜てます」（つかまらせて）

［文体レベル］

敬語——敬語法の誤りは語用論的要因として、文とは別のレベルに置きます。次のような例がみつかりました。

「そのいった、いらした先が」

ただ、話者がどの程度敬意を抱いていたのかや、その敬意をどのような形式で表現しようとしていたのかは判断が難しいところがあります。学生が先生に「先生、来たの」と言ったとしても、第二章でお話しした通り、最初からそう言おうと意図していたのであるなら言い間違いにはならない、というのが本書の定義です。「正しい敬語法」や「美しい日本語」といった領域には深く立ち入らないことにします。

四　間違いを言わせた犯人

言い間違いの分析はタイプとレベルさえわかれば十分というわけではありません。この第四章では、誤りをとりまく要因に目を向けます。将来、脳／心の中で言葉はどう組み立てられるのかを調べる上では、むしろ、こちらの要因の方が多くを語ってくれるのかもしれません。

文脈か非文脈か

発話内に誤った要素と同じ要素がある場合、誤りの源、つまり誤りを引き起こした犯人、が文脈内に存在すると解釈されるので、文脈的誤りと呼ばれます。たとえば次の例では、後から出てくるはずの「センター」が源で、それが「フェンス」にとって代わったと考えられます(傍線は誤り、波傍線は源)。

「センターによじのぼったセンターの広田」(フェンスによじのぼった)

一方、次の例は同じ語彙的代用の誤りであっても、源とおぼしき要素が発話内に現れていないので非文脈的誤りと分類されます。

「あいつにはがき、電話をした」

誤りの源の認定には客観的な手順があるわけではなく、恣意的な部分がないとはいえません。「センター」の本当の源は野球中継のアナウンサーの脳裏をよぎった「ショッピングセンター」だったかもしれず、また前後の文脈を広くとって探せば源としてのもう一つの「はがき」がみつかる可能性もあります。

しかし、文脈、非文脈の区別の持つ意味合いはその不満を補って余りあるほど大きいといえます。最初の文脈的誤りでは意図と誤りとの関係は、伝統的な言語学の用語に従えば「統合関係」、つまり前の語から後の語への順序関係であるのに対し、二番目の例における両者の関係は「連合関係」、つまり実際に現れた要素とその位置に現れることが可能だったにもかかわらず現れなかった「隠れた」要素との関係であるといえます(図4)。

ごく単純に、発話のメカニズムの一部をこれに対応させ、文脈タイプの誤りは文の統語構造が作られる側面(「語の順序が決められる」レベル)を、非文脈タイプの誤りは心の中で辞書が引かれる側面(「候補の語が選ばれる」レベル)を反映していると仮定して、研究の出発点を得ることができます。素朴な発想ではありますが、実はこれまで提案されている発話モデルの多

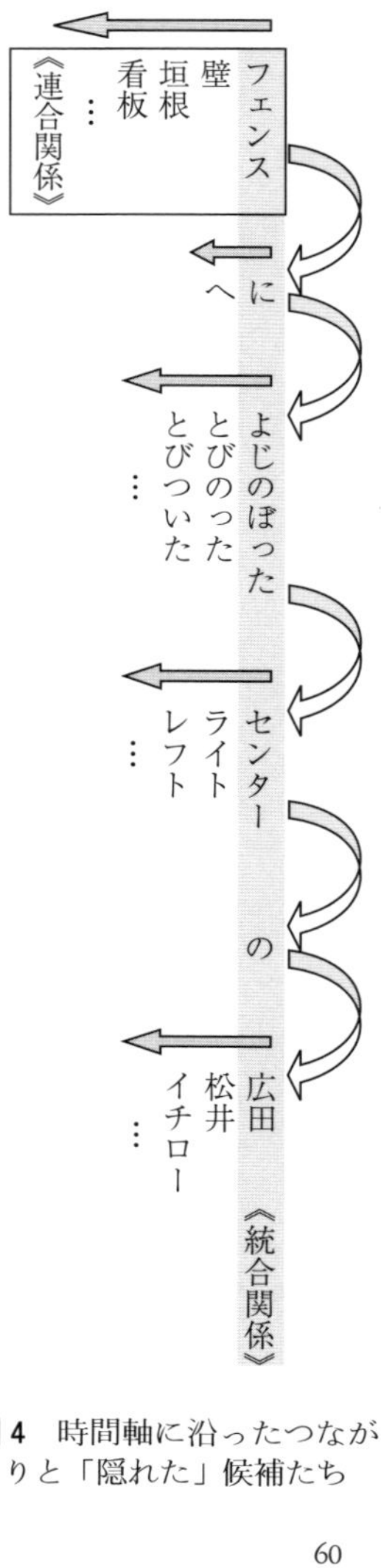

図4 時間軸に沿ったつながりと「隠れた」候補たち

くはこうした複数段階構造を採用していますし、失語症研究を含む最近の研究からもこれを支持する証拠がみつかっています。(1)

方向はどちらか

誤りとその源との位置関係では、後から発話されるはずの要素を先取りしている場合と、すでに発話した要素が残ってしまって源となる場合とを区別します。前者を予測型、後者を保続型と呼ぶことにします。それぞれ実例を見てください。

「ものがねうたがっせん」（ものまね歌合戦）〈予測型〉

「ながいくろかみしろむすめ」（島娘）〈保続型〉

最初の例では、「がっせん」の/g/あるいは/ga/が「まね」の/m/あるいは/ma/の位置に飛び込んできています。二番目の例では「くろかみ」の/ro/が「しま」の/ma/にとって代わっています。

この方向性は言葉を発するメカニズムの観点からみると、スピードが要求される発話の過程において先へ先へと進んでいく処理と、すでに使用済みとなったものを効率よく捨ててリセットしていく処理の両方を反映していると考えられ、興味深いものといえます。これまでの観察では予測型の方が保続型よりも頻度が高いという傾向がみられます。時間に追われて、常に先を射程に入れて準備していく発話作業の「あわてぶり」を物語っていると考えられます。

距離はどれくらいか

誤りとその源との間の距離は何を示しているのでしょうか。可能性の一つに、発話の処理が一度に及ぶ範囲を示すということがいえます。前述の「フェンス」と「センター」の例では、言い間違いが生じたところをみると、話者の頭の中の処理では「フェンス」と言おうとした時点で少なくとも「センター」のところまで及んでいたと考えるのが自然です。

本書では誤りとその源との距離を、介在するモーラ数で測定しています。成人の記憶や注意が一度に処理できるまとまりの数は「七プラスマイナス二」くらいではないかという有名な仮説[2]との関連という、認知心理学的な興味もかき立てられますが、本書では誤りのタイプによって距離が異なる点に注目したいと思います。

たとえば、「ものがねらたがっせん」のような代用型の誤りと、次のような交換型の誤り、

「はなまこ」（浜名湖）

では、交換型の方が短い距離で生じます（「はなまこ」の方は隣どうしのモーラの交換なので距離はゼロ、「ものがね…」の方は三）。この意味合いについては第九章でとりあげます。

何を飛びこえてきたのか

誤りと源とがどんな文法的境界を越えて結びつけられるかも重要な観点です。たとえば、再登場「ものがねらたがっせん」と次の誤りとでは、同じ三モーラを隔てた誤りであっても、

介在する要素の構造が異なります。

「スケア、スコアをつける」

「ものがね…」は同一複合語内で誤りが起こっているのに対し、この例では源と思われる「つける」の/ke/が句の境界をまたいで侵入してきています。

ここで、文脈的語彙代用（「センター」－「フェンス」型）と文脈的音韻代用（「ものがね…」型）の誤りがどのような環境で起こっているのかを調べてみると、より小さな単位である音韻レベルの誤りの方が狭い射程の中で起こっています。どのような構造の中でどのようなレベルの単位がやりとりされているのかを探る上で重要な観点であるといえます。

言い直し

言い間違いを含んだ発話の多くでは、次の実例のように、誤りを言ってしまった後で、発話者がそれに気づき、自己修復（二重傍線）が行われます。

「カウボーイハットをかけて、あ、かぶってサングラスをかけた人」

どの時点で誤りに気づいて発話を中断させ、どこまで戻って、どのように修復したかも発話の研究に重要な意味合いを持ちます。というのは、正常な出力を確保するために誤りを途中で検出する、監視モニターの機能と精度を知る上で有力な証拠となるからです。また逆に、修復が行われなかった実例では、話し手本人も気がつかなかったとすれば、モニターの網の目をくぐり抜けたのにはそれなりの理由があるはずで、それが何かを考えることも面白い観点となります。本書ではそんな忍者のような誤りのすり抜けの秘密を第八章で考えてみます。

心はどんな状態だったか

最後に、言い間違いが生じる時の心の状態について述べておきたいと思います。ニュースキャスターをしている友人は、「とちりの原因は緊張してしまうことがすべて」と言っていました。ここでは発話の意図のような言語学的に記述できるものとは別に、その時話者の心の中には何が浮かんでいたのかを推測するという観点を紹介します。

たとえば、「開会式」の代わりに「閉会式」と言ってしまった司会者は「コンナクダラナイカイハヤクオワラナイカナ」と思っているに違いない、とか、結婚式のスピーチで「お琴をたしなむ」と言おうとして「オトコをたしなむ」(実話です)(3)と間違ってしまった人は、花嫁を見ながら何かしら過去の秘密を考えていたんだろうな、などと勘ぐる素朴な見方です。

実は、こうした誤りの背後にある心の動きに注目するアプローチには長い歴史があって有名な先達がいます。精神分析学の祖として知られるS・フロイトで、「フロイト的言い間違い」という現象名で研究史にその名が残っています。彼は、言い間違い、聞き間違いを含めた日常生活での失敗は、無意識レベルでの抑圧された思考が影響していると考え、言語的な文脈よりも精神的な文脈が誤りに関わると主張しました。症例報告をまとめた『日常生活の精神病理学』（一九〇一年）の中に列挙されている例の一つに次のようなものがあります。

私は、あるとき、ドロミーテンで旅行者のような服装をした二人の女性といっしょになった。私はしばらく彼女らとともに歩きながら、旅行生活の楽しみや苦しみについて話しあった。一人の女性は、このような日々の過ごし方にはいろいろ不便な点のあることを認めて、「こんなに日の照る中を一日中歩いて、ブラウスも肌着も汗でびっしょりになるのは、まったく不快なことに違いありませんわ」と言いながら、ちょっと口ごもった。さらにつづけて、「しかしながらパンツへ帰って、着がえたときは……」と言ってしまった。この言い違いを説明するには、ことさら分析を必要としないであろう。すなわち、この女性は明らかに下着を全部算《かぞ》えあげて、「ブラウスも、肌着も、パンツも……」と言おうとしたのであるが、女性としてのたしなみから、最後のパンツという言葉を口に出すことを制止したのである。ところが制止されていたこの言葉は、彼女の意志に反して、内容的にはなにも関係のないすぐ次の言葉の中に、発音がよく似ていたために「家へ」nach Hauseが「パンツへ」nach Hoseと変わって現われたのである。

（『フロイト著作集』4、懸田克躬・池見西次郎他訳、人文書院）

このような、性的な言葉やタブー語など、言ってはいけないと抑圧されている言葉がひょっこり顔を出す誤りが「フロイト的言い間違い」と呼ばれるものです。

ただし、本書ではこうした症例報告的なアプローチはとりません。誤り一つ一つにはその時の心の事情とでもいうべき背景が存在するのでしょうし、個別にとりあげるのはそれなりに興味深いのですが、それらをあやふやな根拠のまま推測して分析することはできませんから、表面に現れた形だけを分析の対象にします。どちらかといえば、質よりも量のアプローチを重視します。次の章から始まる応用編では、一つ一つはあっという間に消えていってしまう言い間違いが「仲間」をみつけて実例から資料になった時、何を語ってくれるのかに耳を傾けてみたいと思います。

特に本書では、なぜ「みそら」にならなければならなかったのか、という当初の問いに答えるべく、語彙が心の辞書から選び出され、それに音の形が与えられるまでの過程を反映していると思われる言い間違いにスポットを当てます。具体的には次のような言い間違いです。

「エジプトにのぼったことある」（ピラミッド）

「おてつかい」（おてつだい／おつかい）

「にっぺんでもスペースシャトルを」（にっぽん）

「うならい信じる」（占い）

一見したところ、レベルもタイプも異なる実例ですが、これらはすべて語彙の処理に関係しているとみることができます。

最初の例はすでに何回か登場している語彙の代用の誤りです。ある語の代わりに別の語を言ってしまうのは、いうならば心の辞書の引き間違いです。単に意味的に関連ある語がとって代わるといってしまっていいのでしょうか。どんな要因で間違いが起こるのかを詳しく検討してみます（第五章）。

次の例は混成タイプの誤りです。まるで二つの語が一つの指定席を争った結果のようにみえる誤りです。すでに音韻論の研究で混成にかかる条件が提案されているので、その検証と合わせてこの誤りの持つ意味合いも考えたいと思います(第六章)。

三番目は語彙部門から調音部門への伝達ミスというべき音韻レベルの誤りです。音韻的な処理の単位を音節、モーラ、音素の観点から検討してみます(第七章)。

最後の例は音位転倒と呼ばれる音の交換の誤りです。日常生活に知らないうちに入り込んで正用のような顔をする油断のならない誤りです。本書ではこの誤りを「忍び寄る」誤りと呼んで、その出現の面白さと理論的な意味合いを伝えてみたいと思います(第八章)。

では、発話のために語が選ばれ、形が決められ、発音の準備がなされるまで、つまり語彙部門の入口から出口までをたどる分析を、始めることにします。

五　「エジプトにのぼる」？

こんなはずじゃ

誰もが一度は経験しているはずの日常的な場面から話を始めましょう。

本日の定食は好物のカキフライ。フライには醬油というこだわりを持つあなたは、食卓中央に並べてある調味料から黒褐色の液体のみえる容器を手にとりいそいそとフライにかける……と、何か変だ。しまった！　これはウスターソースだ……。

なぜ間違えてしまったのでしょうか。ここで醬油をマヨネーズや七味と間違うだろうか、醬油とソースがそれぞれテーブルの端と端に置かれていたらどうだっただろうか、と想像してみてください。誤りの確率はぐっと下がるはずです。最大の原因は両者の見た目が似ているということ、近くに置かれていたということの二つにあるようにみえます。

この二つを誤りの誘因と認め、失敗を避けるためにそれらを排除しようという考えは、ヒューマン・エラーの研究に基づく人間工学ではとうに実行に移されています。ビデオデッキで、操作を誤るとソフトを消してしまうおそれのある録画ボタンが多くの場合めだつ赤色で、かつ他のボタンの列から離れたところにあるのはその一例です。

本章でとりあげるのは、ある語の代わりに別の語を選択してしまった誤りです。例の「みそら」もこのタイプです。語彙部門関連の誤りの中ではもっとも単純な、「心の辞書」の引き間違いのようにみえます。さて、どんな要因が誤りを引き起こしたのでしょうか。冒頭のたとえが適当ならば、誤った語は何らかの形で目標とする語に似ていて、辞書の中でお互い近くに記載されていたことになるのですが。

エジプトといえば……

まず、意図された語と誤った語との間にある規則性や傾向から探ってみましょう。いくつか例をあげてみます。

「エジプトにのぼったことある」（ピラミッド）

「まだ受話器回してない」（ダイアル）

「一番いやなピッチャー、あ、バッターですね」

「あいつにはがき、電話した」

「農家のむこを、よめを求めて」

「ラスベガスですごくかせいだ、じゃない損した人」

こうした実例をみると、意味・連想的な関係が存在することが容易に想像できます。「エジプト-ピラミッド」の関係の強さは誰もが認めるところでしょうし、そう遠くない昔に電話についていていたダイアルと受話器は空間的近接性が高い二語です。また、「ピッチャー-バッター」と「はがき-電話」の関係はともに『野球』『通信』といった言葉で括られる意味の領域に属する二語といえます。「むこ-よめ」「かせいだ-損した」は対語、反意語といった意味関係を反映しています。

次の例のような意味的な関連性が薄いと判断された例もあるにはあったのですが、頻度は観察された全三百四十五例の誤りの中に五%以下の十五例を数えるのみでした。

「サーフィン、あ、サイフォン」(「あそこに飾ってあるの何?」と聞かれて)

「めだま、あ、めだかがいるようなところ」

こうした規則性の高さは、発話のために必要な語彙を心の辞書から引く時に、意味的な要因が大きな役割を果たしていることを示しています。コミュニケーションのためという言語の機能を考えれば当然のことといってしまえばそれまでなのですが、忘れてはならないのは、語の意味がどのように貯蔵されているのかを示唆していると考えられる点です。無秩序に連結されているのではないことは、誤りの傾向から明らかです。[1] ただ、意味をどう記述するかに関してはいまだに決め手を欠き、課題として残されています。これまでの研究からその試みをいくつか拾ってみましょう。

まず、語の意味は、意味的素性と呼ぶ元素的な意味的特徴の束で示すことができるという考えがあります。[2] たとえば、「父」と言うべきところを「母」と言ってしまった誤りでは、「父」が[+直系家族、+一世代上、+男性]、「母」が[+直系家族、+一世代上、−男性]と表示されており、心の辞書内で目標語を探す作業は[直系家族]という住所を手がかりに行われたのだが、うっかり、すぐ隣の[+男性]の代わりに、誤って[−男性]が選ばれてしまったと説明するのです。

反意語というと、まったく正反対の意味表示のように錯覚しがちですが、その違いは素性のわずかプラスマイナス一つの差にすぎず、見方によっては類似性の高い語どうしとみなすことができるので、誤りの一般的な傾向からすれば、代用の対象となるのはむしろ当然ということになります。[3] 反意語が意味的な語代用の誤りの三分の一を占める、という報告もあります。[4]

ただ、素性の束という考え方を採用する場合に不可欠となる、どのような素性をいくつまで認めるかという基準についてはいずれの研究でも言及されていません。加えて、この考え方には解決すべき問題点があることも指摘されています。[5]「包摂語問題」と呼ばれているもので、意味の素性を認めていくと必然的に生じるはずの、含意する語とされる語の階層関係が、健常者の言い間違いにあまり登場しないのはおかしい、という指摘です。[6] たとえば、「鉛筆」と言おうとして「文房具」、「ひまわり」と言おうとして「植物」という誤りは予想されるよりはるかに少ないとされています。分類学や形式的な意味論が想定するような美しい階層構造が、誤りの出力にそのまま反映するというわけではなさそうなのです。

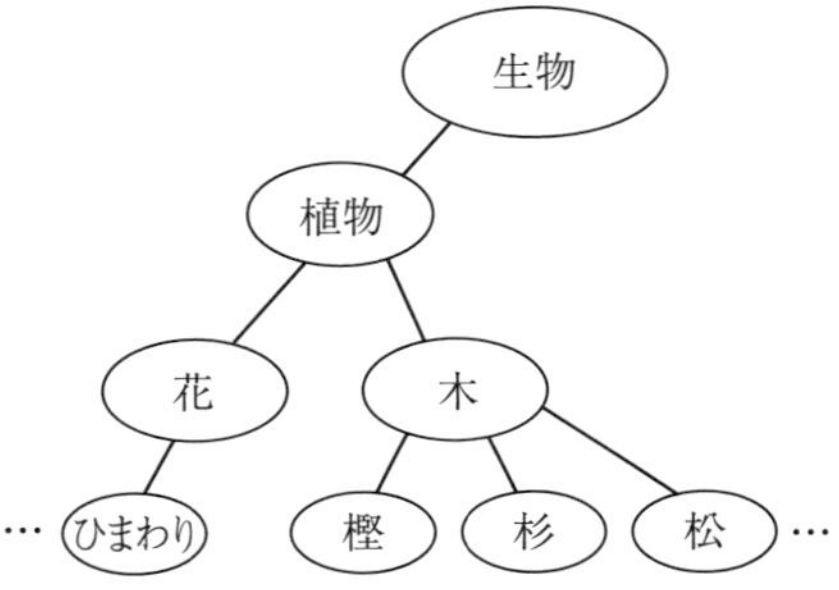

図5　分類の階層構造の一例

この問題の解決策として、意味素性のような小さな単位を想定するよりも、語の意味の基本要素を語彙概念とでも呼んでおいて、語の意味は複数の語彙概念の連絡によって決められる、と考える広い意味の捉え方をした方がよいという提案が行われています[7]。本書でも、この記述方法を採ることにします。理由は、一つは日本語の語代用の観察でも包摂語が関連する誤りがたしかに少なかったこと、もう一つは、次のような意味的関連語彙の玉突き衝突事故のような誤りが包摂語の誤りよりも多く観察されたことによります。

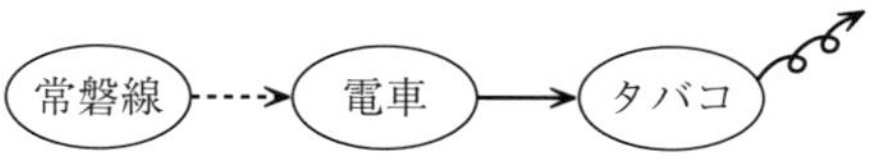

図 6　意味的関連語彙の玉突き衝突

「常磐線の中で電車吸ってる人がいた」（タバコ）

「洗剤のせっけんであります」（宣伝）

「電車」や「せっけん」は「タバコ」や「宣伝」との間の素性値の変更とすると、あまりに多くの値を変えなければなりませんし、そもそも基準となる意味素性の選択が困難です。むしろ同じ語彙概念を共有すると考えられる直前の「常磐線」や「洗剤」が間接的に影響して誤りが生じたとした方が、誤りの一般的傾向と合致するようにみえます。

　したがって、本書の意味分析は、以下のようなごく概略的な記述にとどめます。もっとも頻度が高い同一意味範疇というのは、たとえば「ピッチャー」と「バッター」は同じ野球という「意味の場」を形成するメンバーである、という程度で、それ以上厳密な記述は本書では行いません。意図した語

表5　意味・連想的な関係とその頻度

関　係	実　例	頻度
同一意味範疇	ピッチャー－バッター	110
場所の近接性	(サッカーゴールの)ポスト－バー	38
同意語	回復－快方	32
反意語／対語	はずす－はめる／花婿－花嫁	30
原因－結果	狙撃－射殺	26
道具	ゴルフ－クラブ	20
周囲の語彙概念の影響	電車－タバコ	10
連想	エジプト－ピラミッド	8
地名	滋賀－静岡	7
全体／部分	カメラ－レンズ	7
包摂語	風邪－病気	5
その他文法的関係	出る－出す／とき－こと	11

と誤って代用された語の意味・連想的関係は表5の通りです。

サイフォンとサーフィンの共通点

次に考えたいのは、意味的要因だけが意図とは違う語を言ってしまう誤りを引き起こしているのだろうか、という問題です。発話は意図が音声に換えられる過程であることはすでに何度か述べてきました。ここまでの観察から、「心の辞書」を引く手順として自然なものは、まず意図を満たすことができるおおまかな語の意味が語彙概念によって活性化される↓目標となる語彙が選択される↓これに音形が与えられて発音にいたる、というも

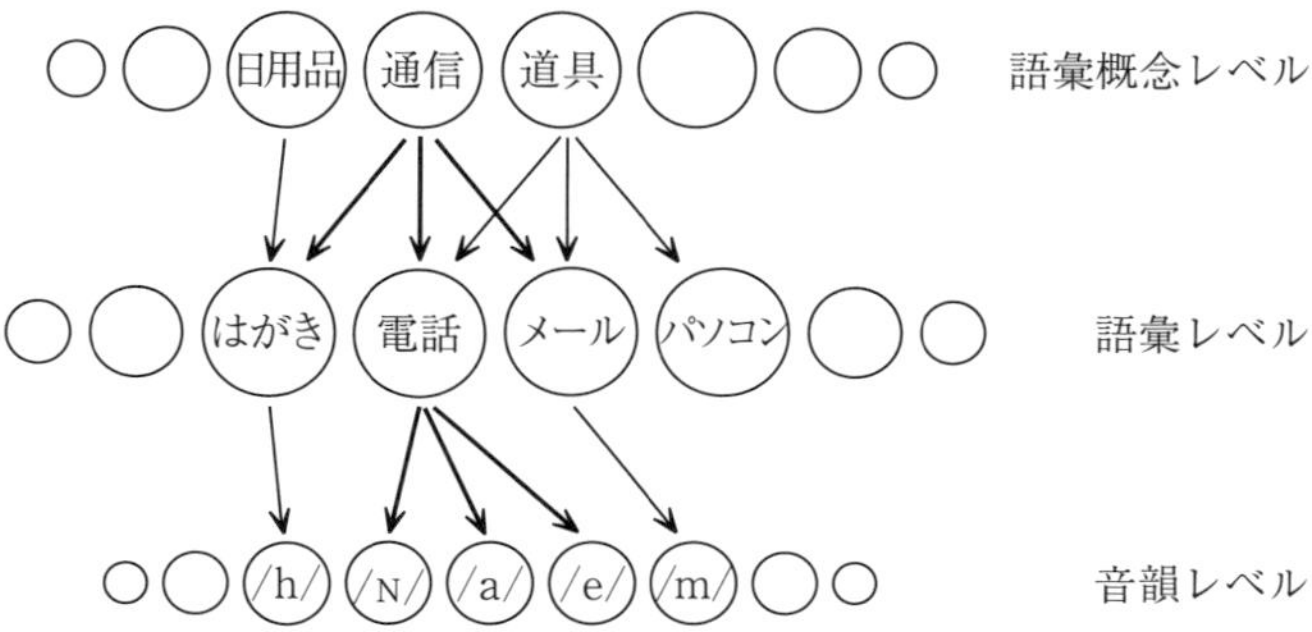

図7　伝播の連係：目標語である「電話」のほか同時に活性化された「はがき」や「メール」も下位の音韻レベルを活性化する(/ /は音韻表記を示す)

のです。加えて、語代用の誤りの九五％以上が、何らかの意味・連想的な関連を持つ二語の間で起こることから、語彙概念によって活性化されるのは、目標語一つだけではなく、意味・連想的に関連するいくつかの語彙も同時に活性化を受けて、通常より高いレベルでアクセスできる状態になる、という可能性が示唆されます。この様子を図示してみましょう[8]。

ここで、この章の冒頭であげた実例を思い出してください。

(目標語)	(誤った語)
ピラミッド	エジプト
ダイアル	受話器
バッター	ピッチャー
電話	はがき

よめ　むこ
損した　かせいだ

すべて図7のモデルでうまく説明できます。たとえば「はがき‐電話」は「通信手段」という同じ範疇に入る語の間の代用で、「意味的概念」↓「語彙選択」↓「音韻」という流れに沿ったものとみることができます。

　ところで、次のような例はどうでしょう。

「そこの線引きとって」（栓抜き）
「かたことの、カタカナの言葉が多い」

たしかに「線引き‐栓抜き」には「手で扱う道具」という意味的な関連性もあるのですが、音韻的にもよく似ています。たとえば、語頭の二モーラ（「栓」と「線」で意味的単位としての共通性はないことに注意してください）と語末モーラ、アクセントパターン、モーラ数までが一致しています。このことから、音韻レベルからの影響を反映していると考えられます。右の例は意味的概念と音韻の両要因が二重にかかっている、とみるべきでしょう。

　では、音韻的な要因のみが影響しているようにみえる語の誤りはあるのでしょうか。あります。先ほど紹介した「サイフォン‐サーフィン」のような意味的な関連性が見出しにくい

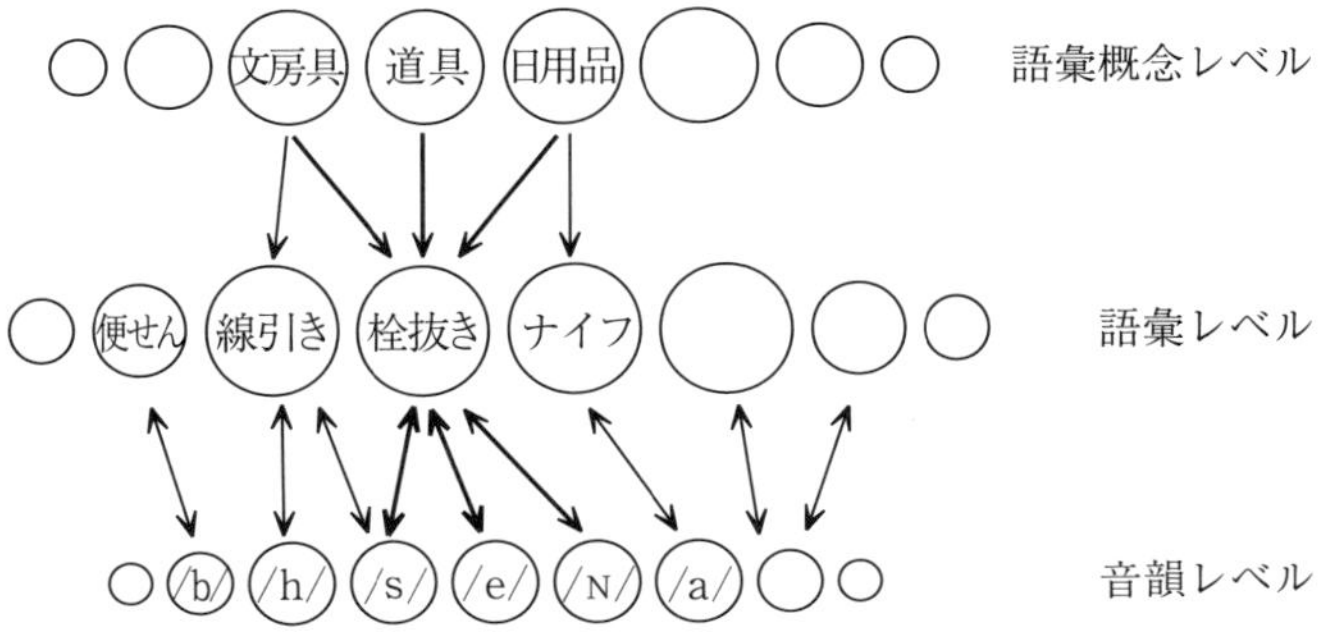

図8　音韻レベルからのフィードバック：「栓抜き」によって活性化された音韻レベルの/s/ /e/ /N/からのフィードバックを受けて「線引き」も活性化される

例のほとんどは、音韻的要因である語頭音、アクセントパターン、モーラ数が一致します。このような誤りは十八世紀の喜劇の登場人物で、滑稽な誤りが得意(?)だったミセス・マラプロップにちなんでマラプロピズムとも呼ばれます。こうした例の存在は、何の関連もない二語の間の誤りは起こらないということを示す一方で、前述の流れからすると不自然ともとれる音韻から語彙選択への逆向きの影響、フィードバックも考慮に入れることを迫っているようにみえます(図8)。

では、音韻的な手がかりがどれほど関わっているかを調べてみましょう。「線引き‐栓抜き」のような意味と音韻の二重要因の場合も考えて、マラプロピズムだけでなく語の代用型の誤りすべてについて語頭モーラ、アクセントパターン、モーラ数の一致度を確かめてみました。

［アクセントパターン］

ここでは、地域（大部分は東京方言と同じパターン）[9]に配慮しながら、語の中でアクセントが「高」から「低」へ落ちる位置に注目してアクセントパターンを分類し、意図した語と誤った語のパターンが一致したかどうかを調べました。その結果が表6です。

表6　意図した語と誤った語のアクセントパターン

一致する	264
異なる	81

意味的要因がからんでいると思われる誤りを含めてもアクセントパターンは高い一致度を示しています。アクセントパターンは音韻的な言い間違いが起こっても維持されること、言語障害で個々の調音が乱れてもパターン自体は最後まで残るという性質も知られています。アクセントは発音される音そのものを決めるのではなく、音の上に別のレベルから「かぶさって」くる要素だと記述されることが多いのですが、語の検索には意外にも大きな役割を果たしているようです。

［モーラ数］

語彙部門で選ばれた語が発音されるまでには、中間段階があり、語形に合わせた輪郭というべきスロット(空欄)が準備されていて、音素がそこにはめ込まれていくという考えがあります。モーラ数は語の長さを示します。もし、意図した語と誤った語のモーラ数が近いものなら、あらかじめ準備されている語の長さが目安となっていて、これも語を選択する上でのヒントの一つになっていると考えられます。

表7で、誤りに関係した二語の長さがほとんどかわらない(同じ長さか一モーラ違いの合計が九〇%以上)ことは注目に値します。語の長さが選択の際の手がかりになっている可能性は十分あると考えられます。

表7 意図した語と誤った語の長さ(モーラ数)の差

0	209
1	103
2	24
3以上	9

[語頭音]

心の辞書を研究する際に言い間違いと並んで関心を寄せられている現象にTOTと呼ばれるものがあります。英語の tip of the tongue からの略語です。言いたい語が「舌の先」に引っかかって(日本語では「喉元まで出かかって」ですね)いるのになかなか出てこない、という誰もが経験のある、もどかしい状態を指します。この状態を脱出して目標語にたどりつくのにもっとも有力なきっかけは何か……実験の結果は語頭の音だと出ています。(10) 日常生活でも言いたい語が喉元まで出かかってもどかしい思いをしている時、「たしかあれは「タ」で始まる……」と心の中でつぶやきながら目標語を探すことが多いのではないでしょうか。これらをヒントに、目標にした語と誤った語の語頭の音の一致度をモーラ単位で調べた結果が表8です。

表8 意図した語と誤った語の語頭音（モーラ単位）

一致する	145
異なる	200

表6から表8の数値は決定的証拠とはいえないまでも、任意の二語を選んで各要因を調べてみた時に偶然一致する確率よりも、はるかに高い確率での一致度を示しています。意味的要因以外にも音韻的な要因も働いているといってよいように思われます。

名詞は名詞、動詞は動詞と

最後に、意図した語と誤った語はどの品詞に属していたのかを調べました。実はこれがもっとも高い規則性を示しました。まず、内容語（名詞、動詞、形容詞、副詞）と機能語（助詞や助動詞）という品詞の区別では、両者が入れ換わることはきわめて稀でした。

表 9a　語代用が生じた語の品詞

誤り ＼ 意図	名詞	動詞	形容詞・形容動詞	副詞	計
名詞	281	1	1		
動詞	3	43	2		
形容詞・形容動詞	3		9		
副詞				2	
計					345

表 9b　意図した語と誤った語の品詞

一致する	335
一致しない	10

さらに詳しく、当該の二語がどのような品詞に分類されるかをみたのが、表９ａです。この表では対角線に沿った数字が突出していることが一目瞭然です。これは、代用される語は意図した語と同じ品詞に属することを示しています。総計を出すと表９ｂのようになります。

同じ傾向は英語、ドイツ語をはじめとする他の言語の言い間違いを扱ったこれまでの研究でも指摘されています。言語の違いを越えた普遍的な規則と呼んでよいかもしれません。(11)

この品詞からの制約の強さは、日本語の場合、述語を構成する語が活用するということを考えると、さらに興味深いものになります。活用は直後の要素と連結をはかるために語彙の内部に生じる語尾変化なので、語幹部分だけを発音するのは不可能な場合が出てきます。たとえば「走る」の語幹部分は/hasir-/で単独で発音ができません(ここではローマ字表記が必要です)。したがって、名詞-動詞の間で入れ換わりが起こりにくいという背景に、どの部分が区切りになるのかが決めにくいという日本語の述語の構成が関係していると考えられます。

このことから逆に、もし例外的な誤りが起こるとすれば、語幹部分が取り出しやすい述語の場合に限られるのではないか、という予想をたてることができます。表9aの対角線から外れた実例に目を向けてみると、

「すごく気に入っている好きだ」(曲)

「玉江っておきで、えきで起きて」

「財界に深くコミッティ、コミットする」

案の定、それぞれ形容動詞(ナ形容詞)の語幹部分(になりうる)名詞と名詞、母音終わりの語幹/oki/と名詞、外来語に「~する」が付いた動詞と名詞の間の誤りがみつかりました。いずれも語幹が取り出しやすい形になっている点に注意してください。

「みそら」再び

ある語の代わりに別の語を言ってしまう誤りには、意味的要因、音韻的要因に加えて、文法的な要因も深く関わっていることが明らかになりました。

ここで、本書冒頭で紹介したもっとも有名な言い間違い、「みそら」発言を思い出してください。世間では大騒ぎになったあのとちりも、目標語と誤り語とを比べてみると、意味的特徴(紅白でトリをとれるような大物女性歌手)、音韻的特徴(三モーラで平板アクセント、/mi/という語頭音を共有)、品詞(名詞)がすべて一致しています。おまけに百年前にかのフロイトが指摘した「言ってはいけないと思うものほどつい口から出てしまう」という心理的な面まで誤りを誘っているようにみえます。

Uアナの不運はいまさら変えようがないのですが、あの誤りは起こるべくして起こった、もっとも典型的な誤りだったといえます。少なくともあの場で「みやこ」にとって代わることができる語は「すいぜんじ」でも「いつき」でもなく、「みそら」しかなかったというのが言い間違い研究からの結論です。何も「普通」の間違いに大騒ぎすることはなかったのです。

当時、Uアナのもとへは全国から励まし、慰めの便りが寄せられたと聞きます。本章も十八年遅れの一通として投函したいと思います。

六　「あやむや」になった指定席

骨を伸ばす?

沢木耕太郎氏のエッセイにこんな一節があります。

雑誌には数篇のエッセイが載っていて、その一篇を読んでいたが、途中で「何か妙だな」という感じがした。そこで、もう一度その文章の少し前に眼を戻した。読み直してみて、私が妙だと思ったのは、あるセンテンスの中に「骨を伸ばす」という表現があったためとわかった。「骨を伸ばす」というのはどこか変だ。しかし、どこがどう変なのだろう。(中略)この「骨を伸ばす」は、エッセイの文脈からすれば「休む」という意味で使われているように思われる。休む、休む、と頭の中で転がしているうちにやっとわかってきた。「やにむに」と同じく、この「骨を伸ばす」も、「骨を休める」に「手足を伸ばす」がごっちゃになった私的合成語だったのだ。

（「信じられない」『チェーン・スモーキング』新潮社より）

文中の「やにむに」は、ある映画の字幕に氏がみつけた私的合成語で、「やにわに」と「しゃにむに」が混乱してしまった結果だろうと同じエッセイの中で推測しているものです。

読みながら、今度は私が「何か妙だな」と思いはじめてしまいました。それから、ふと思い当たって、その全著作を読んでいる尊敬するノンフィクション・ライターに向かって、この時ばかりは、心の中でこんなタメ口をきいていました……「やにむに」はともかく、「骨を伸ばす」の方は、休む、リラックスするという意味なら「手足を伸ばす」より「羽を伸ばす」の合成語ととった方がいいんじゃないですか、と。

理由はおそらく、同じ時期に「骨ぬき」という言い間違いが気になっていたからです。「骨ぬき」は「骨休め」と「息ぬき」とが混成してしまった誤りであり、しかもその結果が既存の語「骨ぬき」(性根が無くなる、中心となる部分が抜けるの意ですが、リラックスしすぎの様子が伝わってはきますね)と一致している興味深い例でした。この章では、このように語と語が混じりあって別の語の形が現れる混成の誤りをとりあげます。「手足を伸ばす」より「羽を伸ばす」の方がふさわしいという理由もお話しします。

ゴジラも仲間

混成タイプと思われる例をもう少し拾ってみましょう。

「おてつかい」（おてつだい／おつかい）

「しょったい、接待を受けていた」（しょうたい／せったい）

「かりーと」（管理職／エリート）

「ニクラウスからいろんなことをならんで、ならっていた」（ならって／まなんで）

「あやむやっていう」（あやふや／うやむや）

混成とみなした誤りは全体で六十例ほどで、そう頻繁に起こる誤りではありません、しかし、二つの語が一つになって別の語であるかのような構造を作り出すところから、意図と誤りの関係が明確ですし、語彙部門において目標の語に合わせて用意される語形の外枠の大きさを知る上で貴重な情報を与えてくれるところから興味をかき立てられる誤りです。「おてつかい」を例にとると、五人（モーラ）の乗客「おてつだい」が左から、四人（モーラ）の乗客「おつかい」が右からやってきて、港でハチ合わせしてしまった時、語彙部門は何人乗りの船を用意してくれるだろうかという課題です。

混成は、二つの要素や品種を合わせたもののネーミングにしばしば登場するテクニックでもあります。たとえば、「カルピス」(カルシウムとサルピス(サンスクリット語で練乳のこと)から)、「ダスキン」(水のいらない雑巾のことで、ダストとゾーキンから)、「ヒネ」(ひえと稲とを交配した新品種)がそうです。もっとも有名な混成の例は何といっても「ゴジラ」でしょう。これはゴリラとクジラからです[1]。

これらは造語にあたって人為的に行われた混成ですが、言い間違いの理解への手助けになります。実際、これまでの研究では、造語の混成は決して不規則に起こるのではなく、いくつかの制約が存在することが指摘されています。それらを紹介しながら混成型言い間違いの特徴を明らかにしていきたいと思います。

混成の構造

まず、混成されるのは常に二語で、三つ以上の語が混成する誤りは見出せませんでした。また、二つの語が一つになるといっても、からみ合うようにジグザグに混成するわけではなく、前の語の前半部分から後の語の後半部分へ一度だけ切り換えが起こって混成します。記号を用いて基本形を示すとこうなります。

ＡＢ ＋ ＸＹ ↓ ＡＹ

ところで、今回分析の対象にしたのは、一語分の空白を争った連合的な関係にある二語の間に生じた混成です。結果として同じタイプにみえる次のような誤りは分析の対象に加えていません。

「マイジャーと、マイナーとメジャーとすっと変える」
「ししがた、獅子座、Ｏ型ですから」
「これでどくたい、独走態勢が固まったかな」

最初の二例は同じ発話内に出てくる二語が混成した文脈的混成とでも呼ぶべきもの、三番目の例は複合語短縮型の混成です。

似て非なる複合語短縮型に寄り道をしましょう。先ほどの定式化を利用すると、次のようになります。

ＡＢ ＋ ＸＹ ↓ ＡＸ

このタイプは、「エアー・コンディショナー」を「エアコン」、「ポケット・モンスター」

を「ポケモン」のように複合語を短縮する場合やニックネーム作りに登場します。(2)表面的には混成とよく似ているのですが、いくつかの点で異なっています。

まず、短縮型はAXにあたる部分が二モーラ＋二モーラからなる基本形をはっきりと持っている点が注目されます。なぜ二モーラかというと、一モーラで省略して「エ」や「ポ」と言ったとしたら候補が多すぎて何を短縮したのかわからなくなってしまうからです。また三モーラで短縮すると、語としてのまとまりが悪くなってしまうから、と考えられます。語呂のよい偶数拍リズムを形成する単位として、また、日本語に二モーラ一音節をもたらした漢語をうまく収める単位としても、二モーラひとまとまりは古くから日本語に定着しています。

さらに意味的にも、同じ一語分にあたる枠をもらったとしても、「エアコン」は単なる短縮で指示物が変わらないのに対し、混成語「ゴジラ」はゴリラやクジラとは異なる新しい生物を指すようになることに注意してください。加えて語の形の面でも、短縮は二語の前半部分を合わせただけであるのに対し、混成は一方の語の後半まで含んでいるので一応完結した形になっているという違いがあります。この違いが単なる偶然でないことは誤りの頻度に現れています。本書のデータで文脈的混成と複合語短縮型の混成の頻度を比べてみると、二十一対九で文脈的混成の方が高いという結果が出ました。無意識に起こる誤りであっても、一語分の枠としては文脈的混成の方が体裁が整っているのかもしれません。

混成の規則性

では本題に戻って、まず混成する二語の意味的特徴に関する規則性から調べていきましょう。これは制約と呼んでもよいほど強いもので、「そのどちらを選んでもほぼ同じ内容が伝えられる」語どうしの混成が圧倒的多数を占めます。同じ連合関係にある二語の間の誤りですから、前章の語代用のところでかなりの頻度を示した反意語や、「エジプトーピラミッド」のように連想関係にある語が混成のパートナーとして登場しそうなものですが、実際はあまり出てきません。次の例を加えておきましょう。

「早稲田大学でべんきゅうしてました」（べんきょう／けんきゅう）

「チームのちょうたいがいいですから」（ちょうし／じょうたい）

厳密には「調子」と「状態」は同じ意味とはいえませんが、どちらの語を使っても文全体としてはほぼ同じ意味が伝えられます。混成が生じる二語の意味的な関連性はまさにこの点にあります。語レベルの意味的類似性だけが問題になるのなら、反意語どうしというのは近い意味関係にあるので混成が起きても不思議ではないのですが、そうではないところをみると、メッセージレベルの「何を伝えたいか」という段階からずっと近さを保っている二語が混成を生じやすい危険な位置にあるといえるかもしれません。冒頭の例で、「伸ばす」なら「手足」ではなく「羽」ではないかとした理由はこの点にあります。一方、人工的混成語(造語)の場合は、二つの要素が同時に関係することをアピールしたい商標や品種名が多いので、必ずしも言い間違いの混成にみられた二語のような意味関係にならないと考えられます。

次に混成した二語の品詞について調べてみると、意味関係の制約からも明らかですが、二語はすべて同一の品詞に属しており、ともに名詞、動詞、形容詞といった内容語でした。一致した品詞の内訳は表10の通りです。これは語代用と同じく、語混成も語彙部門の規則性の中にあることを示しています。

表10a　混成が起こった二語の品詞

一致する	56
一致しない	0

表10b　一致した品詞の内訳

名詞－名詞	36
動詞－動詞	10
形容詞／形容動詞－形容詞／形容動詞	6
副詞－副詞	4

混成に関する音韻的な特徴に目を移しましょう。この点については、結合点と語の長さについて強い制約が働くという提案が行われています。結合点というのは、先ほどの式でいえば、AとB、XとYとが離れて、くっつく場所のことで、それが

どのような音韻的な境界に生じるのかが問題になります。言い間違いで生じた混成と、語形成過程において生じて歴史的に定着した混成語の両方を、それぞれ日本語と英語から集めて分析したこれまでの研究では、次のような提案がなされています。

・結合点の音韻的制約

意識的な混成においても、無意識的な混成においても、原語の分割・結合は、英語では音節および音節内部の構成素境界で起こり、日本語ではモーラ境界で起こる。(3)

ごく単純にいってしまえば、英語では主母音の前、日本語では主母音の後に切れ目が入って結合が起こるということです。

この制約を無意識的な混成、つまり、混成タイプの言い間違いの実例数を増やして検証した結果を表11に示します。この制約の反例となりそうなのは次のわずか一例でした。モーラ中の子音－母音の結合部分で混成しています。

「バックネットのうれ」(うえ：うら／うえ)

このことから、分離・結合の際に主役を演じる音韻単位は、素性や分節音(子音／母音)といった小さな単位ではなく、語の長さやアクセントを決めるモーラを単位としている可能性が高いことが示唆されました。
結合点の制約については、音韻的制約に加えて、意味の単位としての形態素境界に注目した提案もあります。

・結合点の形態素制約

日本語の混成語形成においては、後の原語の分割は(場合によっては前の原語の分割も)、その語が複数の形態素からなる場合には、形態素の切れ目で行われる。(4)

音韻的制約と形態素制約とが、ある場合には同等に、またある場合にはどちらかが優勢になると仮定することで、混成の下位タイプが説明できるという主張です。本書データの無意識の混成を調べてみた結果では次の三例に示す通り、それぞれ形態素境界で結合が起こるもの、あいまいなもの、制約を破るものがほぼ三分の一ずつ観察され、はっきりした結論は得られませんでした(点は境界を示します)。

「てんどうと呼ばれてました」(てん・さい／しん・どう)
「ぱまき」(パジャマ／ねま・き?)
「ひさびしぶり」(ひさ・びさ／ひさし・ぶり)

表11　混成の結合点とモーラ境界

一致する	55
一致しない	1

このあいまいさは、原語の復元性を確保しなければならない造語の混成の場合と、それを意識している時間のない言い間違いの混成の違いからくるといえるかもしれません。[5]

次に、混成に関わる語の長さの制約について検討してみましょう。これまでの混成の例からちょっと変わった足し算の問題を出します。カッコ内の数字は語のモーラ数、プラス記号は混成を表すとして規則性をみつけてください。

カルシウム(5)　＋　サルピス(4)　↓　カルピス(4)

ダスト(3)　＋　ぞうきん(4)　↓　ダスキン(4)

ねごと(3)　＋　いびき(3)　↓　ねびき(3)

かんりしょく(5)　＋　エリート(4)　↓　かりーと(4)

5プラス4が9や4.5にならない式です。お気づきの通り、正解は後にくる混成のパートナーのモーラ数が維持される、というものです。これまでの研究では次のような制約が提案されています。

• 混成における長さの制約(長さ制約)

AB ＋ XY ↓ AY　において、XYとAYは同じ音韻的長さを持つ。[6]

具体的には、混成の結果できあがる語は後の原語と、英語の場合は音節数が同じに、日本語の場合はモーラ数が同じになるという提案です。語形成規則では、主導権を握るのは後にくる要素であるという原則(レモンキリンはキリンの一種でした)を思い出させます。

ただ、次のように後ろそろいにならないものもあります。

「おてつかい」(おてつだい(5)/おつかい(4)→5)

手許にある、誤りとしての無意識の混成全体を調べた結果は表12の通りです。一見、この数字は長さ制約を支持するようにみえます。しかし、次のような観点からみると、言い間違

表 12　混成の出力と後の原語のモーラ数

同じ	41
異なる	15

表 13　前後の原語のモーラ数

同じ	27
異なる	29

表 14a　前後の原語のモーラ数が同じ場合

長さ制約を	守る	26
	破る	1

表 14b　前後の原語のモーラ数が異なる場合

長さ制約を	守る	15
	破る	14

表 15a　前側に意図した語がきた場合

長さ制約を	守る	8
	破る	3

表 15b　後ろ側に意図した語がきた場合

長さ制約を	守る	14
	破る	2

いの混成の特徴らしきものが浮かび上がります。まず、誤りを「ねびき」のように前後の原語のモーラ数が同じものと、「かりーと」のように異なるものに分類すると表13に示す結果となります。

さらに、それぞれについて長さ制約を守ったものと破ったものの実例数をカウントすると表14の結果となります。この結果をみるかぎり、もちろん全体的な傾向としては長さ制約は正しいと思えるのですが、それは原語のモーラ数が前後とも同じにそろっていて、語彙部門で用意される混成語のモーラ数も決めやすい場合が多く、決して後ろ側だから、という理由だけで出力のモーラ数が決まってくるのではないという可能性もあります。

もう一つ、言い間違いの混成ならではの観点として、発話の時点で話者は前後どちらの原語を意図していたか、をみる必要があるように思います。今回の資料で意図がどちらだったのかを確認できたのはほぼ半数の二十七例で、そのうち、原語の前側を意図していた例が十一例、後ろ側を意図していた例が十六例でした。それぞれについて、長さ制約が守られたか否かを調べた結果が表15です。たしかに長さ制約を支持する数字の偏りが表れているのですが、表15 aのところで意図した前の方の語のモーラ数との対応をみると、混成された結果と一致するものが八例あることがわかりました。「意図した語の方の長さを守る」という一般化は十分可能で、「意図に反してでも後ろの語のモーラ数が優位」とまでは言い切れないように思われます。

以上が混成タイプの言い間違いの観察結果です。注目すべき点は、同じ意図を伝えられる語どうしが混成の対象になり、反意語どうしの混成はないこと、結合点の境界がモーラであること、語の長さに関して一定の枠を示すような制約があることとです。言い間違い自体決して不規則に起こるものではないことは繰り返し述べてきましたが、混成はとりわけ制約の強い誤りであるといえます。これは何からくるのでしょうか。意味的特徴からみて、「心の辞書」の引き間違いのような選択の誤りではなく、語彙部門から音韻部門へ送られる際の枠、いうならば一つの指定席に二つの語彙が無理に座ろうとする時に起こる誤りではないか、と推測されます。詳しいメカニズムについては第九章で考えたいと思います。

七　「ジャカン・カップ」の獲得者

山田長政の秘密？

唐突ですが、「山田長政」という名前をご存知でしょうか。江戸初期にシャム、現在のタイの日本人町で活躍した国際人です。私が生まれ育った町出身の数少ない有名人なのですが、なぜこの名前を出したかというと、何とも開放的な、悪くいえば間が抜けた響きがしませんか、という同意を得たかったからです。発音してみると気がつくのですが、全部ア段の音で、それが七回連続で出てくるという単純な組み合わせに原因がありそうです。七回などとケチなこといわず、ア段だけで文だって作れます。「駿府の人、山田長政のシャム進出を阻止しようとしたのは赤坂氏と高山氏であった…」という文脈を想定すると、

「やまだながまさはあかさかさまやたかやまさまがじゃまだ」

ア段のモーラが二十五回続けて登場します。さらに長いもの、あるいは他の段のものにも挑戦してみてください。

なにやら言葉遊びのコーナーに寄り道してしまったようです。さて、この章のタイトル、もちろん「ジャパン」の間違いです。「ジャカン」などという語はありませんから、この間違いは語のレベルではなく、音を組み立てるレベルで起こっていると考えるのが自然です。こうした音韻的言い間違いは、もっとも頻繁に観察されます。

いうまでもなく、何かを言う、という行為は最終的には舌や唇の発音の動きにたどりつかなければなりませんから、「これからどんな音が発音されるのか」という準備がどうしても必要となってきます。音韻的言い間違いはこの作業を反映していると考えられます。

まず、音韻的言い間違いで何が「動いた」のか、また何が「動かなかった」のかを調べて発話の音韻単位を考えてみます。もう一つ注目したいのが、誤りが起こった環境です。先ほどの「山田長政」のような連続を許す日本語は、もともと音韻的な誤りを誘発しやすい構造を持っているのではないか、というお話をしたいと思います。

誤りとして動く音韻的単位

まず、音韻的言い間違いでどんな単位が動くのか、を調べてみましょう。ここで、英語と日本語の音節の構造を思い出してください。図9は「さん/saN/」と"sun"を例にとって音節とモーラの構造をまとめたものです。

第六章で、英語の混成ではオンセットとライムの境界でちぎれて後半要素と結合すると述べましたが(結合点の音韻的制約)、音韻的代用の誤りでも、多くの場合、オンセットとライムの境界が離れて動く切れ目になっているという報告があります。日本語の誤りは音節構造の中のどこで離れるのでしょうか、また離れて動く単位はどんなまとまりを示しているのでしょうか。分節音、モーラ、音節、二モーラ以上、の順で検証し、規則性を捉えていきます。

[子音や母音]

子音、母音といった分節音も、音韻的言い間違いでは独立した単位として動くことが観察されます。

「とぱいっぽい」(都会っぽい)

「しゅうこくしよう」(習得しよう)

この二つはともに、分節音を単位にした代用の誤りです。最初の例では後続の「ぽい」の中の/p/が「とかい」の中の/k/にとって代わったと解釈されます。このようなタイプは文脈的な音韻代用の誤り全体の四割を占め、無視できない存在となっています。英語ではオンセットとライムの境界で多くの誤りが生じるといわれています。その場合、音節内の一番大きな境界で分節音が離れて動くというのは自然なふるまいであるといえます。

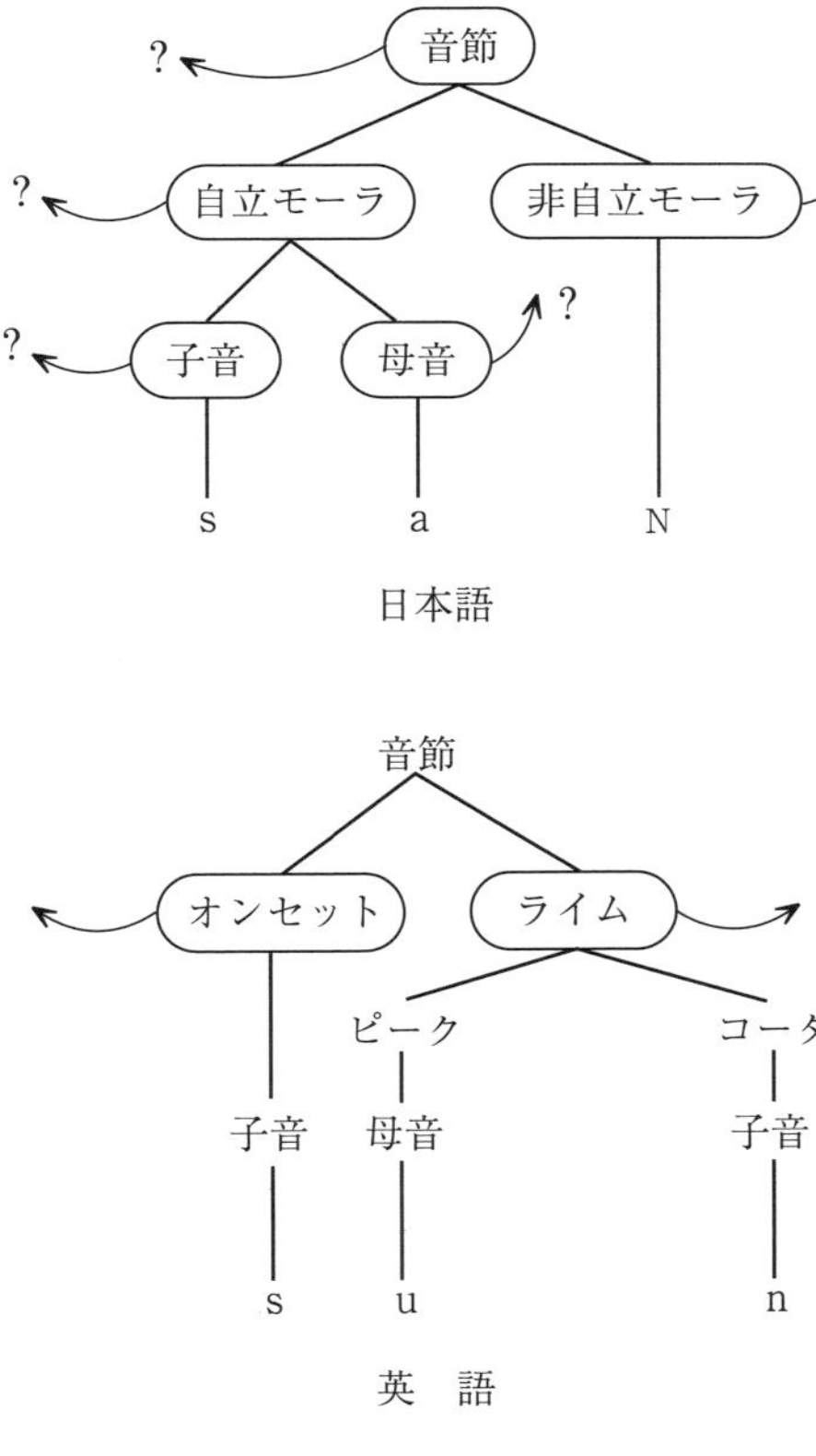

図 9　日本語と英語の音節構造：英語ではオンセットとライムの境界でちぎれて動くが，日本語ではどこが動くのか？

ただし、日本語では大きな境界がモーラ境界の後にくるので、英語と共通の要素が動いているようにみえる先頭の子音は、実は母音と結びついたモーラというまとまりの内側から動いていることになります。ということは後続する母音の影響を受けやすいのかもしれません。このモーラという単位が気になってきます。

［モーラ］

日本語の音韻単位を検討する研究において、言い間違いはモーラを確認するための強力な証拠として引用されてきました。日本語の場合、一モーラは仮名一文字分に対応するので、モーラという単位の実在性を探る際には、文字の影響や話者の作為などの外的な要因を排除できる証拠を探すのが難しいのです。そこで、無意識に起こる言い間違いが貴重な情報源とみなされてきたのです。

実際、日本語の言い間違いを語る時、モーラという単位を無視することはできません。音韻単位など無関係のようにみえる語代用や混成の誤りにもモーラに関する情報が大きく関わっていることは、これまで述べてきた通りです。音韻的な誤りの場合は特にその傾向が顕著で、次に示す様々なタイプの実例ではいずれもモーラの境界が重要な役割を演じています。

最初の実例はモーラの欠落、次はモーラの付加です。

「青木となかじ の組でも」（なかじま）

「しょかくのみかくのさやえんどうの出荷」（初夏の）

次の誤りではモーラが交換されています。

「すがるシャトル」（するがシャトル）

続く四例はいずれも代用タイプなのですが、単位が微妙に異なっているので個別にとりあげて解説します。日本語のモーラと音節の構造図をもう一度思い出してください。

「長い黒髪しろむすめ」（島娘）

これはわかりやすい例で、自立モーラ（子音＋母音）そのものが代用された例です。英語では、音節内の子音と母音の間に言い間違いの境界が現れ、音節そのものは、たとえ軽音節（子音＋母音）であっても動くことはそう多くないといわれています。[1] 同じ「子音＋母音」という量でありながら、なぜ日本語では動き、英語では動かないのでしょうか。興味深く同時に難しい問題です。量が同じならば、同じ時間内に繰り返し現れる単位の反復回数と単調さが異なるのではないか、というのが今のところの私の考えです。

実験的な検証では、日本語音節の平均発話時間は英語のそれに比べて約三分の二と短いことが報告されています。[2] 実際の発話の作業では時間に追われて音の連続を紡ぎ出していかなければなりません。そこには、これまでの観察からすると処理容量の制限があるでしょうから、一つの音節／モーラにかかる時間が短ければ、それだけ「動ける」可能性も高まると考えています。

ここで思い出すのが、日本語につけられた「マシンガン言語」という少々物騒なニックネームです。モーラ言語である日本語では、単純な音節構造を持つモーラが次々と等拍のリズムで繰り返されるので、外国人の耳には「ダ、ダ、ダ、ダ」とマシンガンが打ち出されていくように聞こえるという意味ですが、この単純な音節構造の繰り返しの中に、日本語に特徴的な誤りの原因があるのかもしれません。

次の例では誤りの源を文脈の中にみつけるとすれば、「スーパー／suʀpaʀ／」の引き音（ʀで表すことにします）の部分が「わるい／waruɪ／」の連母音後半部（自立モーラのiと区別してɪで表します）にとって代わった、非自立モーラどうしの誤りであると解釈するのが妥当です。こうした誤りからは、モーラ単位は非自立モーラであっても「動ける」単位であることがわかります。

「悪いスイパーマン」（スーパーマン）

注意すべきは次の二つで、一見、モーラの代用にみえるのですが、母音部分や子音部分が共通であるために、分節音単位にもとれる誤りです。実は頻度が高いのはこのタイプで、文脈的な音韻的代用の誤りの六割を占めます。共通する母音というのは誤りを引き起こす要因となっていることを窺わせます。この点については後ほど詳しく検討します。

「ジャカン、ジャパンカップ」

「にっぺんでもスペースシャトルを打ち上げ」（にっぽん）

［音節］

日本語では、母音単独と子音＋母音からなる音節（軽音節）はモーラと一致する単位なので、わざわざ音節を発話単位として検証する興味は次の二点に向かうことになります。一つは「子音＋母音＋子音」や「子音＋母音＋母音」からなる複数モーラにまたがる音節（重音節）は動くか、という観点。もう一つは音節内構成素として英語と同じライムのような要素が日本語にもあるのか、という問いです。

まず、重音節は動くか、という点については、次のように重音節が動いたともとれる誤りも散見されました。しかし、それらはすべて他の単位の誤りともとることができるあいまいなもので、頻度も低く、言い間違いからの明確な証拠は得られませんでした。

「ひょうりゅう」（流氷）

「じょうえんのＰＬがくえん」（常連）

たとえば、最初の誤りは分節音の誤りか/r/－/h/、モーラの誤りか/rju/－/hjo/、音節の誤りか/rjuʀ/－/hjoʀ/、さらには形態素以上の誤り（流－氷）なのか、あいまいと言わなければならず、どれか一つにしぼる機械的な手順はありません。

次に、ライムと呼ばれる、母音と後続要素を一つにまとめる単位はどうでしょうか。この単位は、英語の音節構造においては広く受け入れられているものの、日本語にそのまま持ち込もうとすると、モーラ境界をまたいでの結合ということになり、かなり不自然な単位のようにみえます。次のような宣伝コピーや詩の一節をあげて、ライムの存在に注目している研究もあります(3)。

「きんきん　きんにく　ビンビン　ビンダス」（久光製薬ビンダスローションの宣伝）

「このへん　どのへん　ひゃくまんべん」（谷川俊太郎「このへん」）

宣伝コピーの例では/kiɴ/と/biɴ/の/iɴ/が、詩の例では/heɴ/と/beɴ/の/eɴ/がそれぞれ脚韻をふんで効果を上げています。

ところで、この単位は言い間違いに登場するのでしょうか。調べてみたところ、次のような例がみつかりました。

「かんけんおせん」　/ka N kjo R o se N/→/ka N ke N o se N/

「コンサイトライブ」　/ko N sa R to ra J bu/→/ko N sa J to ra J bu/

ただし、量的にはきわめて少なく、全体の約一％に満たない数でした。やはり母音とその前の子音が結びついた構造上自然な単位であるモーラに基づく誤りの方が頻度では圧倒しています。複数モーラにまたがる音節、ライムは、動くには重い単位であるようです。

［二モーラ連続］

音節よりもさらに大きな単位で、二モーラ連続が一つの単位になっているという場合があります。音節構造とは独立に二モーラを一つにまとめてフットと呼ぶことがあります。この単位は、たとえば、第六章でふれたような複合語短縮（「リモートコントロール」が二モーラ＋二モーラの「リモコン」になる）の記述には力を発揮するといわれています。

この二モーラ一単位というまとまりを言い間違いの中で探してみると、音節のところでお話しした「子音＋母音＋子音」型の二モーラと形態素をなす二モーラを除くと、二つのモーラが代用された誤りはわずか二%あまりの十六例でした。さらに、その中で誤りの源がはっきりしていて、自立モーラ二つの連続が動いた例はわずか二例でした。次の例では「たまご」の/tama/の部分が動いています。

「穴にもぐりこんで、たまん中、卵産むんです」（あなん中）

ここだけをみると、少なくとも発話の単位としては二モーラ連続というのもやはり「重すぎて動けない」単位であるように思われます。

ちょっと気になる二モーラ＋二モーラ

ここで、二モーラ＋二モーラの構造を作って、語として自然でリズミカルな形に持っていこうとしているかのような誤りが、成人の誤りとは別の言い間違い資料からみつかったので、少し寄り道をしてみたいと思います。

まず、伝導失語と診断された男性の復唱実験中の発話記録からです。[4] 伝導失語の典型的な症状の一つは、目標とする語の音韻的な枠組みはわかっているけれども、そこに具体的な音をうまくはめ込むことができないというもので、復唱が苦手です。記録の中で発話者は、三モーラからなる単語を復唱する際に、十一回の機会のうち九回で次のように、最初の二モーラの後に余分なモーラを付加して全体として「二モーラ＋二モーラ」の四モーラの構造を作っていました。

「かがらみ」（かがみ）

「きゅうぶす」（きゅうす）

もう一つの情報源は、私が長期間にわたって観察を続けている女の子の記録です。この子は二歳から三歳八ヵ月までのかなり長期にわたって、次のような誤りを続けました。何らかの理由で、周囲の大人は決して用いない音韻的な枠が気に入った様子で、たとえ訂正されてもそれを使いつづけました。

「アンヨン」（「あんよ」、二歳〇ヵ月）

「オレンジンジュース」（「オレンジジュース」、二歳二ヵ月）

「コレハ　キカンシャン」（「機関車」、三歳一ヵ月）

あえて一般化を試みるなら、一つの意味を持ったまとまりの中で、後ろから二つ目の音節が撥音「ん」を含む重音節（子音＋母音＋ん）で一番後ろの音節が軽音節（子音＋母音）である場合、その軽音節に撥音が付加されて連続する重音節が形成されるということになります。該当する連続に出会うと例外なくこの構造を出力し、また似て非なる連続には適用しないなど、規則性も認められました。たとえば、「みかんばこ」は「ミカンバンコ」にはなりませんでした。「みかん」と「はこ」の間に境界があるので撥音を含む重音節が後ろから二番目にないことを確認して、「オレンジジンジュース」と比較してみてください。

ここで思い出すのは、いわゆる幼児語にはこの「重音節＋重音節」の構造が多くみられること（「パイパイ」「ポンポン」など）です。これも「二モーラ＋二モーラ」の構造がリズミカルで安定したまとまりをなすというところに理由があるのかもしれません。

ここまでみてきた、音韻単位は発話の単位としては実際どのようにふるまうのでしょうか。これまでの研究では、「音韻的な言い間違いは、総じて行儀がいい」といわれています。これは、音韻的な言い間違いのふるまいが示す高い規則性を評しての言葉なのですが、以下では、英語の誤りの分析を中心にした先行研究で得られた結果と日本語の言い間違い観察の結果とを比較することで、この「行儀のよさ」を日本語のデータで確かめてみたいと思います。

原則違反？

言い間違いが規則的に起こることを示す有名な原則があります。「母音は母音と、子音は子音と入れ換わる」と「発音不可能な連続は生み出さない」という音韻的な誤りにおける原則です。この原則は英語だけでなく英語以外の言語の言い間違いを扱った研究でもしばしば言及されます。

この原則は日本語でも生きています。

「あまり人気のたいとり」（人気のない鳥） /na/－/ta/

この例では、「とり/tori/」の/t/が飛び込んでいますが、「ない/naJ/」の/n/のところではなく、母音のところに入ってしまうと/nt/のように、日本語にはない子音連続が現れることになります。こんな例はありません。

しかし、日本語には他言語の言い間違い研究者がみたら驚くような、この原則への例外とおぼしき誤りがみつかります。次のような例です。

「ちょっとはんけんしましたが」（拝見） /ha J/－/ha N/

「コンサント」（コンサート） /sa R/－/sa N/

なんと、母音と子音とが入れ換わっているようにみえます。特に最初の「はんけん」タイプは、二十五例と無視できないほどの頻度を示しています。これは日本語だけにみられる例外なのでしょうか？　これには半分イエス、半分ノーと答えたいと思います。日本語の特徴をよく表しているが、例外ではない、という意味です。

よくみるとこの二つの例には共通点があります。自立モーラと非自立モーラとからなる重音節の、非自立モーラの部分どうしが入れ換わっていることです。同じタイプの誤りを探してみましょう。

「マリンジリング」（マリッジ）　/ri Q/－/ri N/
「将来のせっかつ、生活設計」　/se J/－/se Q/
「すかいらいく」（すかいらーく）　/ra R/－/ra J/
「テープにとーた」（とった）　/to Q/－/to R/

各例とも頻度は高くないのですが、二つのモーラからなる音節の二番目のモーラ、いわゆる非自立モーラの位置にくることができるメンバーと、誤りが生じた単位を組み合わせてみると、図10のように空白なしに対応関係が成立します。それぞれ音声的に似ているわけではなく、単音レベルでみると共通性はみえてこないのですが、これをモーラ単位として音節を構成しうるという観点からみると、音節内の二番目のモーラの位置に座ることができる要素であるという共通点を持っています。例外とおぼしき交替は、音節構造からくる同資格者どう

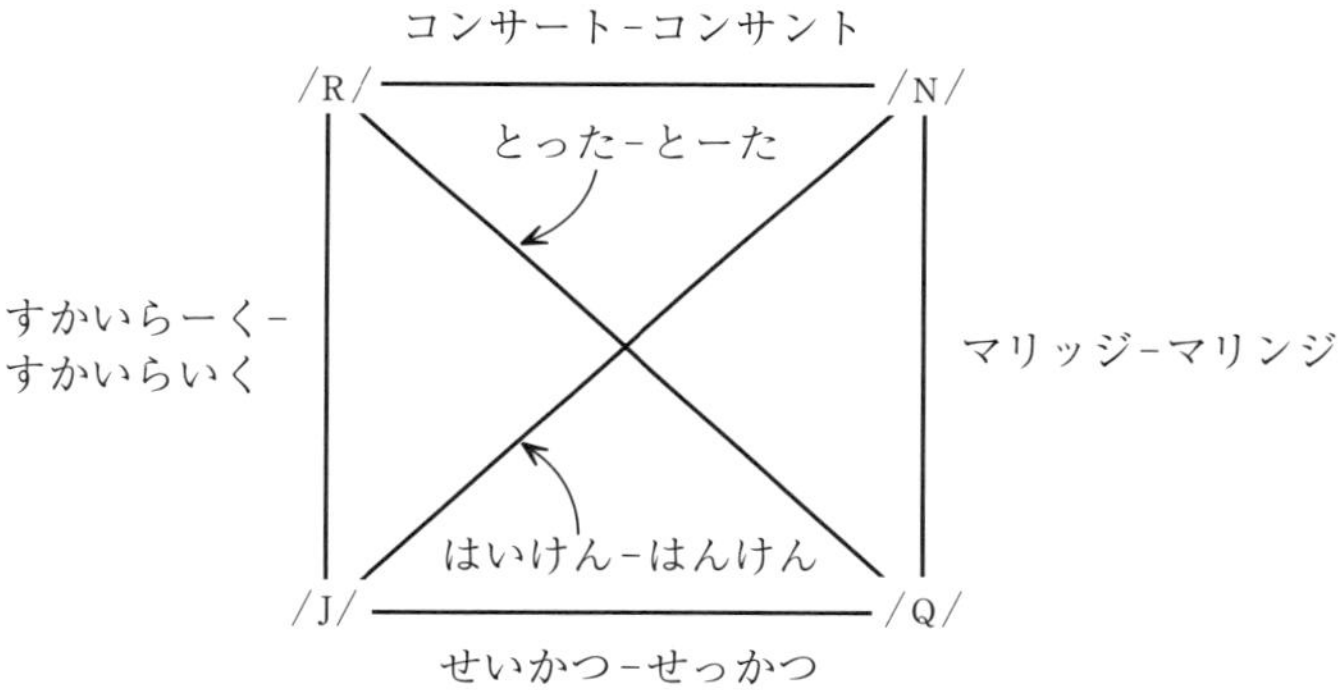

図 10　非自立モーラを形成する特殊音素の交替(誤り)

しの誤りとして、例外として大騒ぎする必要はなさそうです。

この対応が言い間違いだけに基づいた根拠の薄いものではない証拠に、社会的に定着した実例がこの対応すべてにみられます。図11を参照してください。

では、「母音は母音と、子音は子音と入れ換わる」が持つ意味合いとは何かを考えてみましょう。ここまでわかっていることは、優先されるのは音声的な特徴ではなく資格だろう、ということです。資格というのは母音としての、あるいは子音としての、音韻構造の中に占めることができる位置のことです。これが強い制約として働いているようにみえます。日本語の場合は、母音的な要素が強い/J/であっても子音的要素が強い/N/であったとしても、同じ非自立モーラ位置に現れることができるので代用可能とな

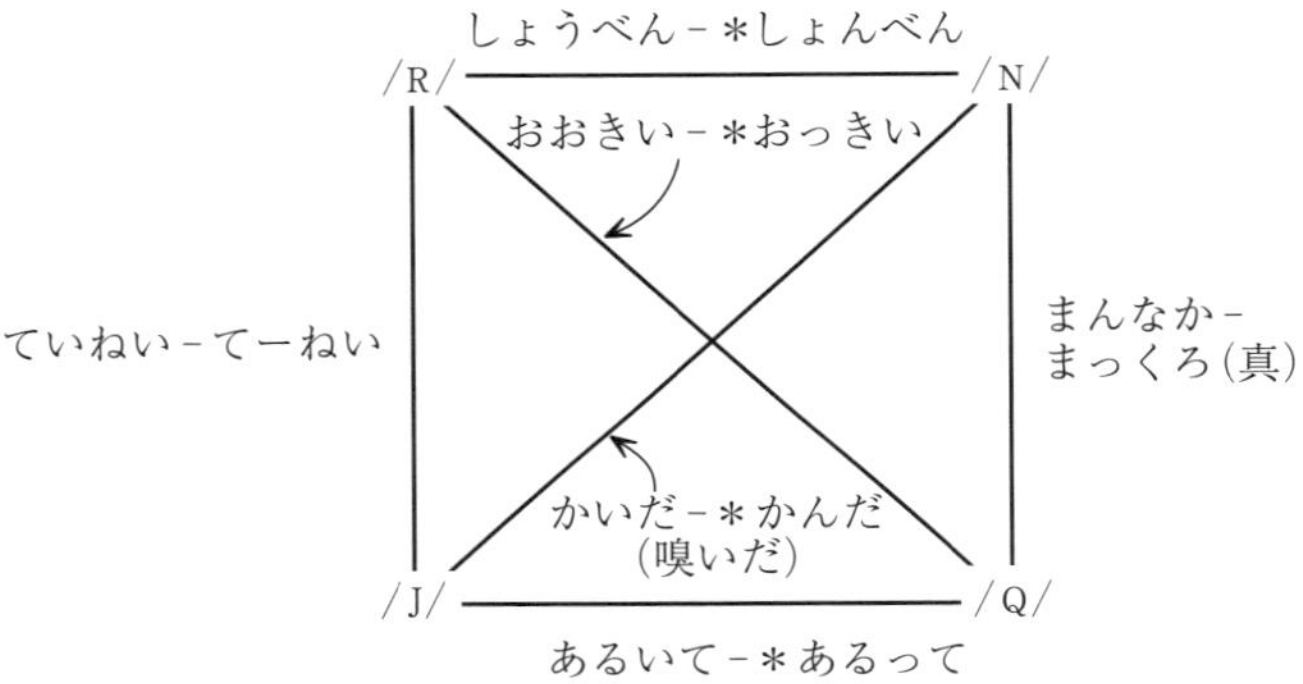

図 11　非自立モーラを形成する特殊音素の交替(実在語)[5].
＊はいわゆる標準語ではないもの

ると考えられます。自立モーラの/i/と非自立モーラの/N/は決して入れ換わらないことに注意する必要があります。次のような誤りは生じません。

「んがいたい」(胃が痛い)

もう一つの意味合いは、母音と子音とが脳の中でどう処理されているのかに関する研究に対して、証拠を提供するというものです。これには二通りの見方があり、一つは、母音と子音は別々のものとして処理されるというもの、もう一つは音の連続から聞こえの度合いが高い部分(母音)と低い部分(子音)を区別するための標識であって、それほど強い区別は必要ないというものです。最近の研究では、母音と子音に選択的に障害を抱える患者のデータから前者の見方を支持する主張がなされています。[6] ただ、まだこの領域は学際的な研究が始まったばかりで、日本語のようなモーラ言語、モーラ文字を持っている言語での母音、子音の脳内における範疇の検証は、今後の成果を待たなければならない課題の一つであると考えられます。(7)

音韻構造は崩れない

前節の原則「母音は母音と、子音は子音と入れ換わる」をもう少し広げると、「言い間違いが起こっても、音韻的な単位としてのまとまりは、階層的な構造を守るように維持される」という原則になります。

たとえば、音節の下にある音節内構成素が誤りの単位となる場合は、同じ資格を持つ音節内構成素がとって代わり、以下同様に音節内構成素の下にくる分節音が誤りの対象となる場合はその補修をするかのように同じ資格の分節音がとって代わるので、全体としての構造は崩れないという傾向を指摘することができます。

音韻的な代用の言い間違いの傾向を眺めると、自立モーラ部分は自立モーラ部分と、非自立モーラ部分は非自立モーラ部分とという具合に、誤りは同じ大きさのまとまりの間で起こっていて、そのため音節構造は維持されています。

ただ、もしモーラレベルだけが働いているとすれば、次のような重音節の非自立モーラ部分に軽音節の自立モーラが入るような誤りがもっと起こってもよいはずなのですが、皆無といかないまでも頻度は低かったということも注目されます。

「打点さらのはら」（三の原）　/sa N/（一音節二モーラ）－/ha ra/（二音節二モーラ）

このような誤りはモーラの数を変えなくとも、音節の数を増やしてしまい、結果として音節の構造を壊してしまうことに注意してください。

こうしたことから音節というレベルはやはり重要で、その中にどんな種類のモーラがくるかを決める枠組みの役割を果たしていることがわかります。日本語はモーラ言語だからといって、モーラがふらふら自由に出歩くことはないようです。

では、モーラはどんな役割を果たしているのでしょう。それを確かめる一環として、最高の頻度で観察された「子音＋母音」の自立モーラが関わる代用の内容を検討して、誤りが起きた要因について考えてみます。これらの実例をもう少し細かく分析すると表16のようになります。

あいまいでなくモーラ全体が動いている誤りが少ないことに驚きます。九割以上が母音部分か子音部分に共通要素を持ったモーラ間での誤りなのです。これは母音が偶然一致する確率をはるかに超えており、共通要素を持つということは、誤りを生じやすくさせる有力な要因の一つと考えられます。

言い間違いを誘引する実験でも、後続する母音が同じである環境にある子音の間では、たとえ距離があっても誤りが生じやすいことが確認されており、「反復音素効果」と呼ばれています。[8] 言い間違いを誘い出す実験はこんなふうに行われます。被験者は“Cue”のサインが出たらその直前のペアを声に出して言うように求められたあと、いくつかの語のペアを連続して一秒間ずつ提示を受けます。たとえば、“bid meek”“bud meek”“big men”“mad back”Cue! という具合に。正解は“mad back”と言わなければならないのですが、母音がそろっていると、“bad mack”や“mad mack”“bad back”が出やすくなるといいます。/_a_a/という環境が共通だからです。

表 16　自立モーラどうしの誤りの分類

子音・母音ともに異なる	14
母音が共通で子音が異なる	82
子音が共通で母音が異なる	57

表16で多数を占める誤りの環境は、その実験環境とよく似ています。もっといえば、日本語の音節構造は反復音素効果の環境そのものといえます。五つの母音を持つ言語は世界の中で一応多数派なのですが、母音数自体が

多いとは決していえません。そう多いとはいえない母音のバリエーションしか持てない単純な音節(母音の前の子音は一つであることが多く、母音の後の子音も限られています)が等時拍のリズムにのって「マシンガンのように」打ち出される日本語では、同じ母音を持つ音節(モーラ)が繰り返し現れます。「山田長政」的環境は人工的に作り出したかのような言い間違いを誘う環境なのです。同じ母音を持つモーラ間での子音の誤り、同じ子音を持つモーラ間での母音の誤りが多くなるはずです。

モーラの役割、音節の役割

これまでの日本語の言い間違いの観察では、モーラという単位の制約の強さが主張されてきていますが、それは必ずしもモーラという単位そのものが常に動くという意味ではないのです。むしろ、モーラはリズムを刻む単位として音素／分節音が付与される道標のような機能を果たしていて、実際に動くのは音素／分節音の方だ、とみることができます。誤りの境界がモーラ境界と一致するのはこの考え方をとっても自然なことといえます。

では、音節はどんな役割を果たしているのかというと、それはモーラを入れる器のようなものだと考えられます。非自立モーラが制約外のところに移っていって発音不可能な連続が出力されないようにするための、仕切り付きのお弁当箱のような器が必要ではないか、というのがここまでの見解です。この器にどのように音がはめ込まれていくのかというメカニズムは第九章で考えてみます。

八　忍び寄る「人さがわせなうならい」

忍び寄る誤り

たとえば、こんな声が周りから聞こえてきたことはないでしょうか。

(1) へー、「さざんか」って「山茶花」て書くんだ。でもこれってそのまま読んだら「さんさか」だよね。

(2) うちの娘、せきが出はじめると毎度「オスクリ　チョーダイ」、「お薬」なんだけど。

(3) 課長は、「からだ」のことを「かだら」と言う。なんだかイヤラシイ。

(4) ねえ、さっきのチリ紙交換「毎度、おさがわせいたしております」って言ってなかった?

(5) 「今日のラッキーカラーは赤よ。この雑誌のうならいによると」

微妙に違っていますね。よく聞くと(見ると)、二つの音の間で本来現れるはずの位置がそっくり入れ換わってしまっています。これらはすべて、音位転倒と呼ばれる現象が日常生活に顔を出した場面です。

(1)は語の発音が定着する歴史的過程で起きたものです。(2)は幼児によくみられる思い込みです。(3)は近畿地方(兵庫県、和歌山県)の一部にある方言です。その他にも、新潟県北部では「とさか」が「とかさ」になり、千葉県では肩車を「かたうま」という地域と「たかうま」という地域が隣接しているといいます。[1] (4)は間違いのはずなのに、数が多いためにどちらが間違いかわからなくなってくる、言葉の「ゆれ」のような誤りです。もしかしたら近い将来こちらが正用になってしまうかもしれません。[2] これと似た例でもう一つ気になっているのは、昔話のタイトル「ぶんぶくちゃ○○」です。周りの人に聞いてみてください。五人に一人は「ちゃまが」です。そして(5)はこの章でとりあげる、言い間違いとしての音位転倒です。

音位転倒では、もとの形と逸脱した形との間にわずかな違いしかないので、話し手、聞き手の双方が誤りに気づかないことも少なくありません。そして、気がついた時にはあなたのごく身近にいる、という意味で「忍び寄る」誤りと呼ぶことにします。この章では、こうした誤りの起きやすい環境を探りながら特徴を明らかにしていきます。

音が入れ換わる環境

いつものように具体例をあげながら、言い間違いとしての音位転倒が生じる環境について調べてみましょう。はじめにどんな単位が交換されているのかに注目します。

「第三へいきん」（京浜） /ke/⟷/hi/

「けんたくさご」（洗濯かご） /se/⟷/ka/

この二つは子音だけが交換されています。また、次の例のように母音だけが入れ換わることもあります。

「とべんですみません」（手盆） /te/⟷/bo/

「いもなお気持ちは」（今の） /ma/⟷/no/

これらの例から、まず分節音が交換の単位であることがわかります。次の例はどうでしょう。たしかに子音が動いているのですが、注意が必要です。

「いどろり」（いろどり） /ro/⟷/do/

「はなまこ」（浜名湖） /ma/⟷/na/

この二つは「ろ」と「ど」、「ま」と「な」の母音部分が共通であるため、子音の交換なのかモーラの交換なのかがあいまいなのです。一方、次の例は子音部分が共通なので、母音の交換かモーラの交換かがあいまいになっています。

「モメ」（メモ）　/me/ ⟷ /mo/

ところが、次の二例でははっきりと自立モーラが交換されています。

「ぼうたかびと」（棒高跳び）　/to/ ⟷ /bi/

「あがまつ」（あがつま）　/tu/ ⟷ /ma/

また、たいへん珍しいのですが、非自立モーラが交換されることもあります。

「めんもー」（名門）　/R/ ⟷ /N/

このことから、モーラもまた交換の単位であることがわかります。最後に紹介する例は、なんと三重にあいまいで、子音の交換なのかモーラの交換なのかあるいは音節全体の交換なのか機械的には決められません。

「さんとくかんにん」（監督三人）　/kaN/ ⟷ /saN/

表 17　音位転倒が生じた単位

子音	16
母音	6
子音かモーラ（母音が共通）	62
母音かモーラ（子音が共通）	3
モーラ	21
モーラか音節	2
子音かモーラか音節	2

表18　交換された要素間に介在するモーラ数

0	70
1	28
2	8
3以上	6

ここで、各タイプごとの頻度をとってみると音位転倒の傾向がはっきりと出ます(表17)。母音が共通しているモーラ間での子音の交換が六割近くという多数を占めました。これを子音の誤りあるいはモーラの誤りと一方的に決めてしまうのは難しいところです。あいまいでない子音交換と同じくあいまいでないモーラ交換の頻度の違いに大きな差があれば、どちらが交換されている単位かという目星がつくのですが、両者はほぼ同数観察されたので決め手にはなりません。より小さな単位である分節音(子音や母音)の交換としておけば分類上は問題ないのですが、もし分節音が主たる単位だったとしたら、もっと多くの母音の交換が起こっても不思議ではないのに母音の交換がきわめて少ないという点が不満です。前章の音韻的誤りの誘因でもふれた反復音素環境を提供する単位を考えても、モーラという単位を切り捨ててしまうことはできないように思います。

つづいて、どんな統語的環境で生じたのかをみると、大きな偏りが観察されました。実に八割以上が同一の内容語(名詞や動詞、形容詞)の中という統語的には小さな単位内で生じていました。この環境を交換された要素間のモーラ数で計測して表してみると、表18のようになります。

介在モーラ数ゼロは隣接していることを意味します。平均でも〇・六モーラと、音位転倒は表面的な距離でもごく近いところで起こるということがいえそうです。ここまでの分析を単純にまとめてしまうと、「隣接する、共通母音を持ったモーラ間で起こる」となります。

前の章でお話しした、ある音韻要素の代わりに別の音韻要素が代用されるというタイプの誤りでの、誤った要素とその源との距離をモーラ数で測ると、二・六モーラになります。交換タイプは長い距離を動かないようです。

では、逆に離れた位置での交換が行われたのはどんな場合なのかをみてみましょう。距離二以上の実例をあたってみると、その統語環境に違いがあることがわかりました。まず、いくつか実例を追加しましょう。

「ワナナバニ園」（バナナワニ園）
「かてのたいてん」（たての回転）
「お金のあいるはて」（はいるあて）
「ガイモンとサーファンクル」（サイモンとガーファンクル）

十四例中十三例で、隣接する語彙的要素の対応する位置（語頭十一、語末二）にあるモーラ間で交換が起こっていました。たとえば、「バナナワニ」は「バナナ」と「ワニ」の二つの意味的まとまりからなりますが、それぞれの語頭にある要素が交換されています。

この傾向は、より大きな統語構造が作られていく際には、一つの語彙がアクセス可能になった時にはすでに隣の語彙もアクセス可能になっていること、そして複数の語彙的要素からなる語句の場合、音韻的な表示の区切れはこの要素ごとに与えられる、という過程を反映していると考えられます。語・句の輪郭が決まる際に、そこに含まれる語彙的要素が占めるべき位置の制約と共通母音による活性化が当該モーラの間の類似性を増し、誤った音韻表示につながったと推測されます。交換の距離が長いのは隣接する単位がモーラではなく語彙的要素であることからくる必然的な結果だと考えられます。

一方、多数派を占める、同一語内で起こった音位転倒では、特に語頭、語末モーラが関わる、という強い偏りはみられなかったので、音韻的輪郭が決める語の形の構造性よりも、もっと具体的な、発音プログラムが実行される部門への連絡通路で誤りが起こっているのでは、と考えることができます。

英語の同じタイプの誤り

ところで、音位転倒と同じタイプの誤りは英語にも観察されます。

a terry chart　(cherry tart)

Jom and Terry　(Tom and Jerry)

This isn't greep grane season. . .　(green grape)

your nife lite　(night life)

こうした誤りが起きる環境は、これまでの研究によれば、同一句内の、隣接する、内容語の対応する音節内構成素(最初の二つはオンセットどうし、後の二つはコーダどうし)の間であるといいます。[3] また、英語の誤りでは、前章でも述べた通り、「子音＋母音」がそろった音節単位は動きにくいことが報告されています。日本語ではこの傾向はあてはまらず、先ほどの「ぼうたかびと」のように軽音節と同等の自立モーラは交換可能なようです。

もう少し日・英語の音位転倒の環境を比較してみると、隣接する語の間で生じるという点では、英語の誤りに環境が近いのは「ワナナバニ園」～「ガイモンとサーファンクル」のような、距離がある交換です。ただ、日本語の誤りの典型は「同一語内の隣接するモーラ間で」だったことを思い出してください。すると、交換される射程が短いというのが日本語の特徴のようにみえます。たしかに表面的にはそうですが、英語には単音節語が多いことを考慮に入れなければなりません。「隣接する語」という環境は英語では「隣接する音節」である場合が多いはずで、そうなると「隣接する基本的な音韻単位(日本語ではモーラ、英語では音節)の間で転倒が起こる」と一般化することができます。この考えが正しいのなら、交換は言語の違いを越えて類似した環境で起こる、という魅力的なものになります。今後、より多くのデータで検証する価値があるように思います。

入れ換わる音そのものの特徴

ここからは、交換された音そのものの特徴についてみていきます。英語では、交換される音素は音声的に類似した音である、という指摘があります。この傾向は日本語にもあてはまるのでしょうか。

まず、類似性を音声素性で測ってみましょう。この差が小さければ小さいほど類似した音ということになります。母音の影響をそろえるために、母音が共通するモーラ間で交換された二子音にしぼって類似性を測ってみました。類似した音どうしが交換されるのならば、違いが一か二のところに数値が集中するはずですが、そのようにはなりませんでした。該当例は二割程度だったのです。音位転倒に関しては、個々の音の類似性よりも、隣のモーラという環境、すなわち近接性の影響力が大きいようにみえます。比較のために、交換ではなく代用型の誤りで、同じ母音共通型の二子音の場合を計測してみると、こちらは該当例が六割を越えました。類似性の要因が強く働いていることが窺えます。

新たな観点

すると、日本語の音位転倒では環境面の要因だけが重要で、交換される音の特徴は関係ないのかもしれない――このように考えている時、連続する二モーラという環境で起こる、いくつかの興味深い周辺的事実と実験結果に出会いました。

まず、幼児の誤りには音位転倒が音韻代用に優るとも劣らぬほど頻繁に現れ、[4] しかも、決まった語彙に集中的に生じることが資料から明らかになりました。たとえば、幼児の音位転倒百三十三例中、「トウモコロシ」(とうもろこし)は九例、「オスクリ」(お薬)、「オタカヅケ」(おかたづけ)は七例観察されています。どうやら幼児には「苦手」な連続があるらしいのです。

もう一つ、言葉の研究者には楽器をたしなむという方が多いのですが、そのうちの管楽器奏者から面白い話をうかがいました。十六分音符が連続するのような音形で、各音符を明確に切って演奏する場合、通常、奏者は口の中でｔを発音する要領で、ｔｔｔｔーｔｔｔｔーｔｔｔｔーｔｔｔｔのように舌を動かしているというのです。ところが、さらに速いテンポが必要になるとｔｔｔｔでは追いつかず、ｔｋｔｋーｔｋｔｋと発音する舌の動きに変えるというのだそうです。これはダブル・タンギングと呼ばれる確立されたテクニックであるといいます。ここから、どうやら相対的に速く、スムーズに運べる舌の動きの連続があるらしいということに気がつきました。さらに、それを裏付ける実験結果も手にすることができました。ｋｋｋｋ、ｔｔｔｔ、ｔｋｔｋのうち、速く、正確に調音できたのはｔｋｔｋ＞ｔｔｔｔ＞ｋｋｋｋの順であることが、実験によって確かめられたというものです。[5]

このようないわば状況証拠と、隣接するモーラ間という音位転倒の生じる環境とから、交換された分節音やモーラを一対一でみるのではなく、二モーラ連続を単位として二対二でみると、そこには発音のしやすさに基づく自然さ／不自然さの差が存在するのではないか、そしてそれが音位転倒と関係しているのではないかと考えました。そこで、次のような実験を行って確認を試みました。(6)

まず、幼児の音位転倒を参考に、交換を起こしやすいと予想される二モーラ連続を含んだ語（たとえば「おかたづけ」）を選び出し、これに音位転倒が起こった形（「おたかづけ」）を組み合わせて一セットにします。それを繰り返し被験者に発音してもらい（「おかたづけ、おたかづけ、おかたづけ、おたかづけ…」）、当該箇所を音声分析装置にかけて持続時間を計測しました。実験前の仮説は「話者、あるいは発音器官にとって自然ですわりのよい音連続の中にある音（たとえば、「おたかづけ」の「た」と「たか」）は、相対的に自然ではない音連続の中にある音（「おかたづけ」の「か」と「かた」）よりも発音に要する時間が短くてすむ」というものでしたが、結果はそれを裏付けるものでした。音位転換は二モーラ連続を一つの単位とするまとまりの中で、発音に関する何らかの不自然さがより自然な方向に修正されてしまう時に起こる言い間違いではないか、という可能性が示唆されました。

ところで、自然さ／不自然さは何によって決められるのでしょうか。候補の一つに、二モーラごとに区切っていった時の、音の並びが持つ頻度の影響が考えられます。つまり、もともとの日本語の語彙全体の中で「たか」という並びは「かた」という並びよりも多く現れるので、そちらに慣れているのだ、という見方です。ただ、これは統計的に強い証拠を得ているわけではありません。[7] また量的に十分語彙を習得していない幼児にも音位転倒が起こることも考えなければなりません。

候補のもう一つは、連続発音する時の舌の動きという要因です。音位転倒で交換された音が口の中のどこで発音されたかを調べてみると、転倒前は「後ー前」だったものが、転倒によって「前ー後」の順になるものが多く、特に、両モーラの子音とも舌が動いて発音するというペア（たとえば、「おたかづけ」の「たか」と「かた」、「いどろり」の「どろ」と「ろど」）では、転倒によって舌が前から後ろに引かれる動きをするものの方に代わることが多いようにみえます。舌という筋肉にとって自然な動きということが関わってきそうです。[8] ただし、これらの点については今後の研究の余地が大きく残されていると言わなければなりません。

九　言い間違いはどうして起こる？

さて、いよいよ、言い間違いはどのようなメカニズムで生じるのか、という問題について考えていきます。話し言葉を作り出す過程では、意図から発音までを効率的かつ、高速の処理で進めていかなければならないため、それぞれの役割をになった部門が密接に関連しあっていることは確実です。そう考えると、異なるタイプの誤りであっても、発話の作業全体を反映していると考えられます。そこで、誤りのメカニズムを想定する際にも、まず発話全体を見渡せるモデルを組み立てた上で、正常な発話だけでなく、逸脱した発話もカバーする説明を与えるというやり方が生産的であるように思います。

本章では、これまでの言い間違いと発話モデルの研究成果をふまえて、それぞれの長所をとり入れた、説得力が高いと思われるモデルを提案したいと思います。

モデルの全体図

「口から先に生まれてきたような奴」とか「ついカッとなって口走ってしまった」などと

いう言い方があります。あまりよい意味で用いられなかったり、言い訳の常套句《じょうとうく》だったりするところをみると、考えよりも音声が先にくるのは不自然とみなされてきたようです。

発話の出発点としても、やはり「〜についてどのように言おう」という意図が作られる部門を最初にもってくるのが理にかなっているように思われます。この部門では、話者がこれから言おうとしていることのおおまかな意味内容がまとめられます。

誰かが誰かに何かプレゼントをあげるという場面を例にとると、『何かをあげようとしているヒトがいる〜所有権が移動していくモノがある〜そのモノの到達点となるヒトがいる』という意味の輪郭のようなものがこの部門で描かれることになります。これに加えて、その情報が、話し手にとってどうしても伝えたい新鮮で重要な情報（たとえば、受け取る人が意外な人物なので聞き手は驚くだろうから是非伝えたい）なのか、それとも古くて陳腐な情報で代名詞（「あれ」や「彼女」）で置き換え可能な程度のものなのか、といった談話的な調整やそのプレゼントが与える側からみられているのか、与えられる側からみられているのかといった認知的な選択が含まれます。(1)

そして発話の終点は発音の動きが実行される音声部門である、とすることも自然でしょう。出発点と終点は固定したいと思います。

問題はその中間部門です。現在もっとも広く受け入れられている考え方は、心の辞書を中心に据え、そこにアクセスしながら文の基本的枠組みと、それらがどのように発音されるのかに関する予備的な輪郭が決められる、というものです。文の基本的枠組みには語の順番や主語、目的語といった文法関係が含まれます。発音の予備的輪郭には音節の構造やアクセントのパターン等が含まれますが、まだ発音の運動そのものではありません。

この二つの作業に対応する形で、語彙項目にも二つの側面があるとします。原案となっているモデルの用語を尊重して、レマとフォームと呼ぶことにしましょう。レマというのは意味的・統語的情報の集まりで、語彙項目が語彙部門から引き出される際の意味的表示と統語的情報(品詞や、主語・目的語といった文法機能など)を与えます。一方、フォームは形態的・音韻的情報の集まりで、目標の語彙の具体的な形を導き出す役割をになっています。

レマとフォームはそれぞれ中間部門の異なる段階で働くことが仮定されています。こうしておいた方が、文全体の構造に関わる抽象的な側面と、語彙の形や音に関わる個別的な側面とを、きれいに記述することができるからです。また、この区別の存在を日常生活で実感することもできます。第五章でふれた、ＴＯＴと呼ばれる、言いたい語が喉元に引っかかっている状態は、レマにはアクセスできているのにフォームにはアクセスできていない状態だと

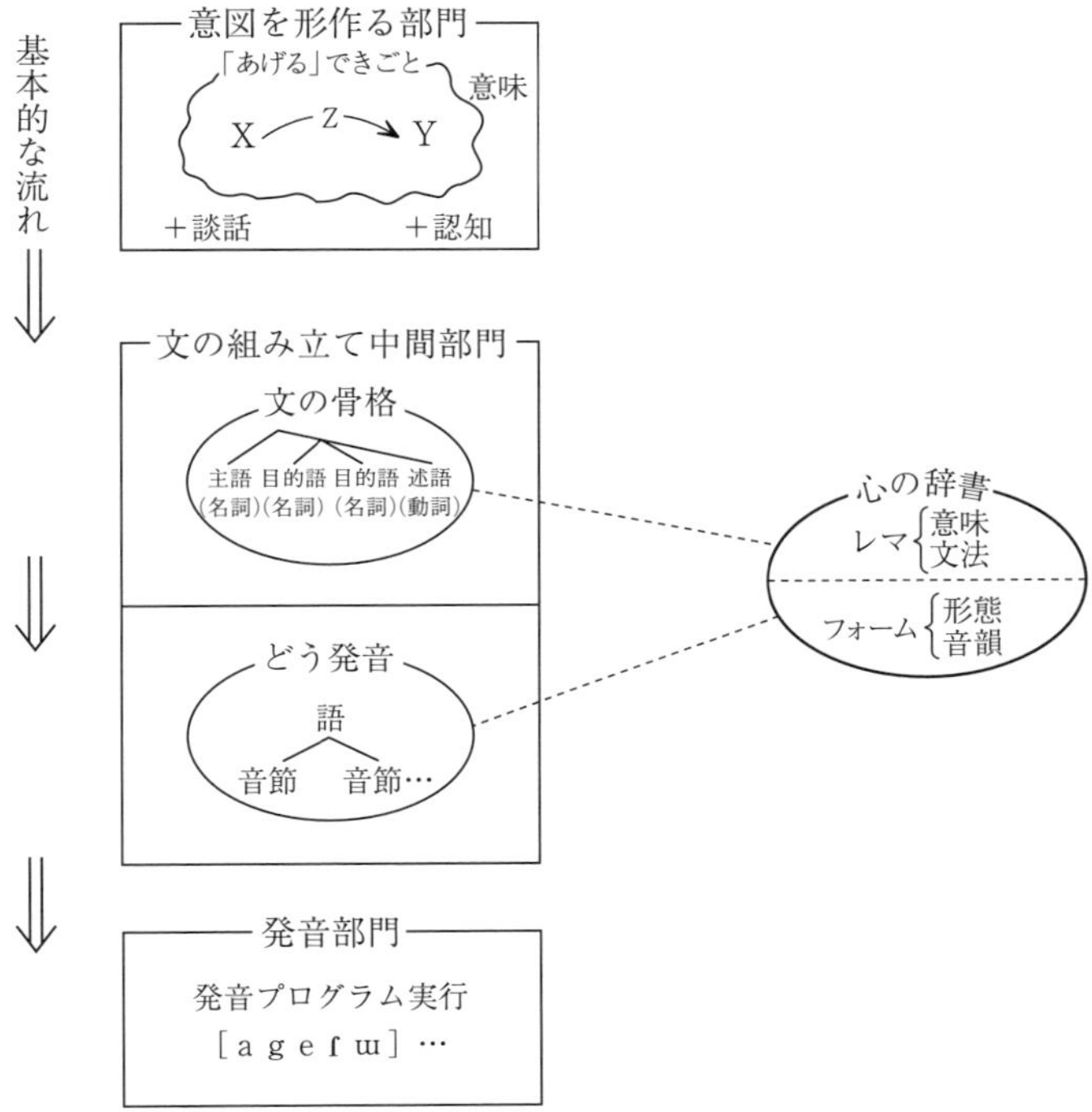

図 12　発話の主要部門(Levelt(1989)に基づく)

考えられます。目標語の意味と品詞はわかっているのに音と語の形が出そうで出ないためにイライラが募る状態なので、出だしの音のようなフォームに関するヒントが与えられると正解にたどりつく確率がぐっと高まることになります。

ここまでの考えをまとめると図12が浮かんできます[2]。言葉の産出を記述するために、どこに、どのような部門が必要かが示されています。ただ、この図だけでは肝心の言い間違いがどのように起こるのかについては何もわかりません。人体にたとえるなら、まだ骨格が示されているだけで、そこを血液がどう流れ、筋肉がどう動かされるのかが明らかになっていないからです。このモデルはどのようなメカニズムを持っているのでしょうか。それがわかれば、言い間違いが起こる現場もみえてくるはずです。

モデルを動かすメカニズム

モデルのメカニズムを考えるにあたって、「ネットワーク」「相互活性化」「競争原理」の三つをキーワードにして動きを与えたいと思います。

まず、各部門は一方通行の流れではなく、並列の流れでつながっていると仮定します。つまり、意味的処理→統語的処理→音韻的処理はこの順を守って進み、相互の干渉などはないと考えるのではなく、それぞれ部門は並列に連結され、処理は相互に影響しあうこともある、と考えるのです。もちろん、意図から音声へという流れが基本になりますが、その間の処理にはある程度融通を利かせること（逆方向の流れや知覚などの言語以外の部門とのやりとり）も認めていきます。

次に心の辞書内部とその周辺の拡大図を描いてみましょう。まず、基本要素となるのは、想定されたレベル（たとえば意味概念、統語、語彙、音韻）とそれを構成するユニット、さらにユニットどうしを結びつけているネットワーク連結です。レマやフォームはこれらのレベルとユニットから情報の供給を受けて実現すると想定します。また各ユニットは、通常はそれぞれ異なるレベルで休止しているとされています。たとえば、十のうち七で休んでいるものもあれば、三で休んでいるものもあるという具合です。この休止レベルは頻度や、直前の発話などの要因で決まってきます。

システムを動かす力となるのは活性化と呼ばれる作用です。このモデルは脳の神経回路網をモデル化したもので、ユニットと連結は、それぞれ神経細胞、神経回路にあたり、活性化は、神経細胞の興奮にあたります。活性化は休止状態にあるユニットに働きかけて、興奮を高めていく働きを持ちます。そして活性値が設定されたしきいの値（そこを越えたら次のユニットに信号を送ることができるボーダーラインの値）を越えた時、アクセスが可能となります。この活性化の基礎にあるのは競争原理です。神経細胞が興奮するように、ネットワーク状に配列された複数のユニットが活性化され、その中でもっとも高い活性化を受けてしきい値を越えたユニットが勝ち残ってアクセスされることになります。

活性化の流れは、順次上位レベルから下位レベルへ伝わっていく性質を持つ一方で、下位から上位への流れ、すなわちフィードバックを許すと仮定されています。また、原則として異なるレベル間のユニットは活性化するように連結され、同レベル内のユニットは抑制するように連結されています。これは活性化の競争に勝ったユニットが他のユニットを抑えてさらに優位に立ち、正しくアクセスされるようにするためです。全体図は図13に示す通りで、図12に双方向性が加えられています。図では部門どうしが関連しあっていることを概略的に⇕記号のみを用いて示していますが、拡大すれば○印で記したユニットに、部門間では活性化の連結が、部門内では抑制の連結がなされていることになります。

語彙代用の誤りが生じるメカニズム

では、このモデルを念頭において、どのように言い間違いが起こるのかを考えていきます。まずは語の代用の誤りからみていきましょう。

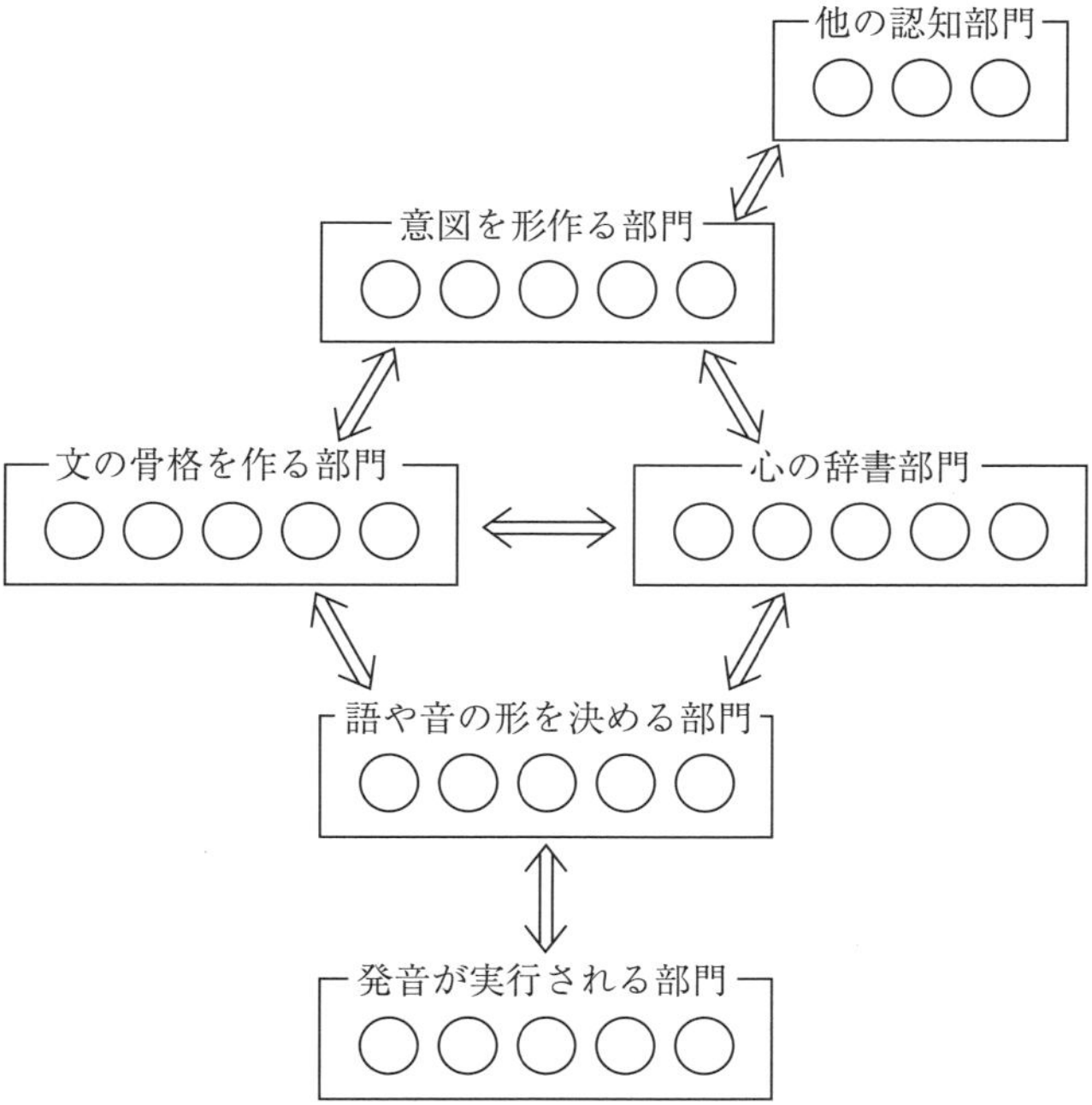

図 13　相互活性化モデルの全体図(Stemberger(1985)に基づく)

第五章では、目標の語にとって代わる語は意味的にも、文法的にも、さらに音韻的にも類似性を持つことが示されました。意味的・統語的処理と音韻処理が存在することと自体に疑いの余地はないのですが、その結びつきはどうでしょう。二つの処理はこの順で別個に行われるのではなく、密接に関連しあっていることを述べたいと思います。

それには、次のような

複数の要因が重なっていると思われる誤りの説明を試みることがわかりやすい例となります。

「目の利くかおが、かたが…」

「方」と言おうとして「顔」と言ってしまった誤りです。顔は人の象徴的な部分なので、人を指し示す「方」にとって代わったという意味的な要因だけでなく、両者は名詞という同じ品詞に属するという統語的要因も、語頭のモーラと語内のモーラ数という音韻的な要因も一致しています。さらには、直前に出てくる「目」からの「部分ー全体」というつながりで「顔」がいわば誘発の形でアクセスされたのだ、とみることもできます。

もし、意味的要因と音韻的要因の処理が別個に進むのだとすると、こうした例は異なる要因の誤りがそのつど偶然に重なった結果ということになり、生じる頻度は低いと予想されます。ところが、要因が重なるタイプの誤りは第五章で述べた通り、意味的要因だけがからむ誤り(風邪ー病気)や音韻的要因だけがからむ誤り(サイフォンーサーフィン)よりもかなり多いのです。この差が説明できません。

この欠点を補うには、発音直前に誤りの検出を行うモニターを想定する必要が生じてきます。それに従うと、意味概念からの活性化を受けて、語彙選択のレベルで音韻的に類似するターゲット以外の語も(たまたま)活性化されてしまい、その語が(よりによって)勝ち残ってしまった時、それを最後の砦《とりで》であるモニターがチェックできなかった場合に、意味的・音韻的に関連する二語間の誤りが起こるのだ、という説明になります。活性化を受けた語は意味的にも音韻的にももっともらしい偽物で、モニターの網の目をくぐりやすかったというのがその理由です。

言い間違いは、すでにいくつかの実例で示されているように、誤りに気がついて発話者自らによって訂正されることが多々あります。また、音声となった発話に対してだけでなく、表面には現れずにすんだ組み立て作業中の小さなミスも検出して修正しなければ、時間に追われる中で正確な作業はできないので、何らかの形でのモニターが必要であることは確実です。ただ、それに頼りすぎると、誤りのすべてがモニターの見逃しということで多くの現象の説明がついてしまうために、どう言い間違うのかという核心を見逃す可能性も出てきてしまいます。すべての盗難事件の原因を「警報ベルの遅れ」で説明することができないのと同じです。

そこで、語代用が生じるメカニズムの説明としては、相互活性化モデルと呼ばれる図14に示すような、活性化の伝播と音韻部門からのフィードバックを兼ね備えたモデルの方が有利だろうと考えます。(3) 各レベルが関連するという観点に立てば、要因が重なるタイプの語代用が頻発するということもスムーズに予測できますし、誤り自体の説明がシンプルにできます。

ここで相互活性化モデルに基づいて、語の選択の様子を具体的にみてみましょう。「エジプトにのぼる」の誤りを思い出してください。目標語である「ピラミッド」がアクセスされるまでを例にとります。

図中⟹は強い活性化を、⟶は通常の活性化を、⇢は可能性の低い活性化、•—•は抑制の連結を表しています。まず、話者の意図に基づいて意味概念からの強い活性化を受け、「ピラミッド」の活性値が上がります。同時に『存在する場所』という意味概念や強い連想関係を共有する「エジプト」や「スフィンクス」の値も上昇すると考えられます。さらに「ピラミッド」は音韻レベルの/p/、/i/、/d/、/r/などの音素、子音と母音が組み合わされた/pi/などの音節構造も活性化します。音韻レベルからはフィードバックが戻ってきて語彙レベルの中の「ピラミッド」はもちろんのこと、語頭の二モーラまで共通するものの意味的にはまったく関係ない「ピラフ」などという語も活性化される可能性があります。通常は目標語として高い活性化を受け、頭一つリードして抜け出した「ピラミッド」が他のユニットを抑えてますます差を広げ、最終的にはしきい値を越えて勝ち残り、中間部門の次のステップに向かうことになります。

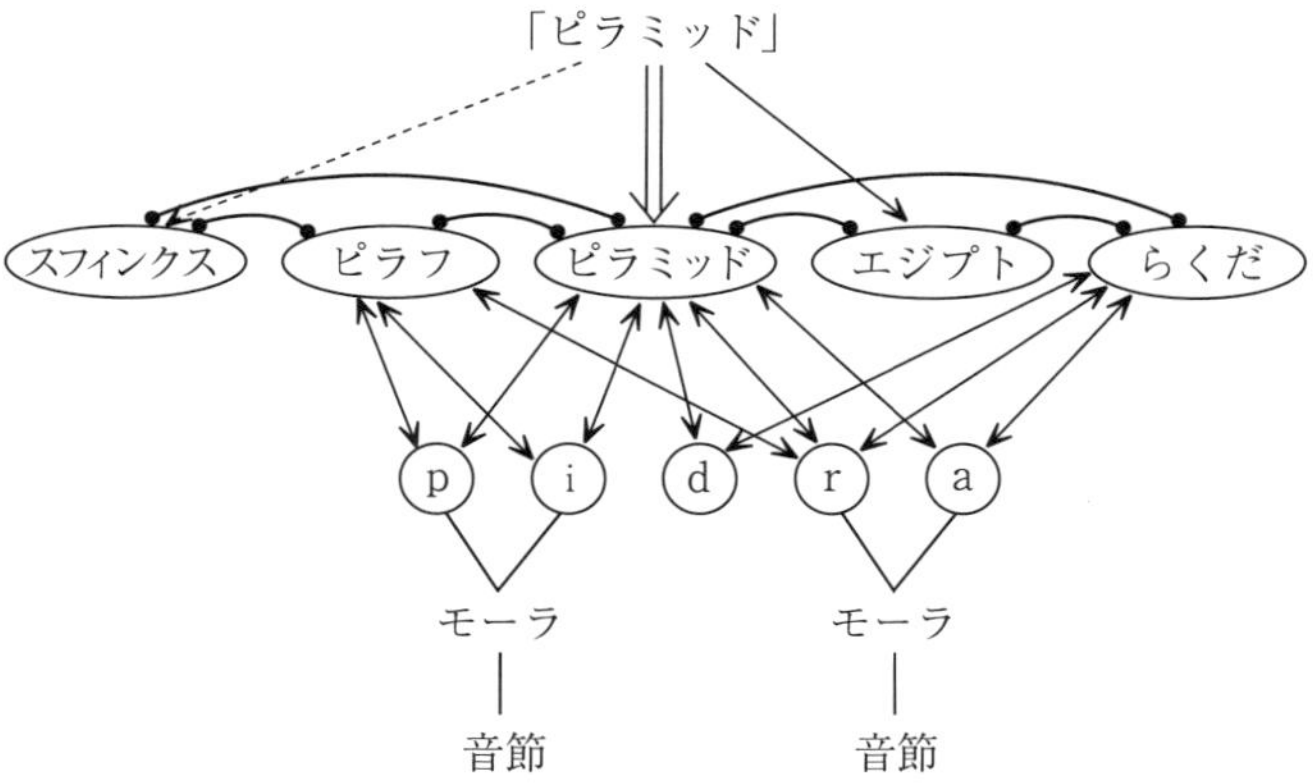

図 14　相互活性化モデルでの語彙アクセス（Stemberger（1985）から一部改）

相互活性化モデルでは、これまで観察してきた語彙選択の誤りにみられた規則性は、意図した語のユニットが活性化される際に、同時に活性化された近隣のユニットの一つが他レベルからフィードバックを受けて「本命」ユニットを抑制してしまったために、いくつかの特徴は共有するものの誤った語が選ばれてしまった結果であると説明されます。また、先ほどの「かおｰかた」のような既出の語の意味概念の間接的影響がみられる誤りは、活性化の残響によるもの、と説明されます。第五章で「玉突き事故」と紹介した「常磐線の中で電車吸ってる人がいた」も同様の誤りです。直前に「常磐線」が選択されて「電車」の活性値が上がったため、もとの値にもどす冷却が間に合わず「電車」の休止レベルが上がってアクセスしやすい状況になっていたと考えられます。このような誤アクセスを引き起こす要素はノイズと呼ばれます。

さらに次のような誤りでも他部門と双方向に情報が行き来するモデルが有利であるように思われます。

「こんな日は風がほしい」（車）［風が強い野外で］

「誕生日、いや、クリスマスのプレゼント」

前者は他の知覚体系からの干渉によって、後者は「〜のプレゼント」という共通する統語的なまとまりから頻度が高く、自動化されやすい連続であることによって、ともにノイズが高まったという説明が与えられることになり、語彙選択の過程をダイナミックかつ現実的に捉えることが可能になります。

混成の誤りを引き起こす要因

次に「あやむや」や「おてつかい」といった混成の誤りはどのように起こるのかを考えてみましょう。これまで提案されてきた中で有力な仮説はこうです[4]。まず、意味的にも統語的にも類似の特性を持った二語「ＡＢ」と「ＸＹ」において、話者はＸＹを意図しながらＡＢを言いはじめてしまう。その途中で誤りを検出するモニターが働いて、ＡＢが意図した語ではないことに気がつく。ここから二つの道に分かれるといいます。一つは、次のようにＡＢを中断してＸＹを言い直すというものです。

「ねまき」と言おうとして「パジャマ」と言いはじめた例を考えてみましょう。

「パジャ…ねまき」

「パ…ねまき」

もう一つは、ＡＢのＡの長さだけ採用して、ＸＹはその長さ分だけ落としてＡと結合し、結果としてＸＹと同じモーラ数を持つＡＹが出力となるもので、

「ぱまき」

という、混成型の誤りが生じるとされています。混成の過程では言い直しが起こらず、平行移動する形でＡからＹに転移が起こると考えられています。

この説明は後半の語を最初から意図していた場合には説得力を持つように思われます。ただ、自然発話においては、前半の語を意図していることも十分考えられるのですが、その場合はどうするのだろう、という素朴な疑問がまず生じます。わざわざ意図した語を訂正する

とは考えにくいので、「間違いに気づく」→「後半の語に合わせて訂正」という説明ではうまくいきません。もう一つ、なぜ混成の誤りの過程においてだけは言い直しをしないのだろう、という疑問も湧きます。たとえば、言い直しの際にしばしばきかれる「えー」や「あっ」は混成の誤りには現れません。次のような混成は不思議とないのです[5]。

「ぱ、あ、まき」

「あや、えー、むや」（「あやふや」と「うやむや」の混成）

これは後半にくる語のモーラ数にきっちりと収まって一つの語とみなされるからなのでしょうか。ただ、ここで注意すべきは、第六章表14でみたように後半優位の長さ制約が守られるのは、前後の語のモーラ数がそろった場合で圧倒的に多かったことです。前半の語のモーラ数という枠も重要なのです。そこで、前後が同じ長さであることをもっと強調してもいいのではないだろうか、と考えました。つまり、混成される前の語をみて前半、後半というよりも、語彙選択の最中に音韻部門で音素がはめ込まれるべき枠が一つ準備される、と考えるのです。第五章で述べた通り、意図した語がどれくらいの長さを持つ語であるか、という情報は選択において音韻部門からフィードバックとして送られるので、競っている二語が同じ長さの場合はそれと同じモーラ数の枠が用意される可能性が高いことになります。これまでの観察では、もし同じモーラ数でない場合は、ＸＹ＝ＡＹの構造が崩れることはあるものの、後半の語よりも少ないモーラ数で出力されることはない、ということになります。

ここで、代案の一つとして、再び相互活性化モデルを用いた説明を提案してみます。まず、意味概念から語彙選択のレベルまでの間で、混成される二語はすでに特別な地位にあると仮定します。第六章での観察の通り、混成の誤りの場合は意味的類似性といっても「どちらを言ってもほぼ同じことが伝えられる」というメッセージレベルの条件が重要でした。また、語頭音の一致度を調べてみると語代用ほど高くはないことから、音素レベルからのフィードバックもあまり強くないと考えられます。そこで、推測される構図は、たまたまモーラ数が同じの、意図した語とほぼ同じメッセージを伝えることができる別の語が、たとえるなら意味概念内の双児《ふたご》のように、メッセージレベルからの活性化を受けてから語彙選択にいたるまで一つのユニットとしてふるまうことがある、というものです。

ここからが問題です。早くから異なる語だということがわかってしまえば、一方が他方を押し退けて語彙代用が生じると予想されます。混成の場合は、語彙から音韻表示が作られる過程で、音素が与えられるモーラのスロットが準備される段階までその認識が持ち越されてしまい、二つ分の語彙に一つの空席しかないという状態になるのです。そして、二候補が一

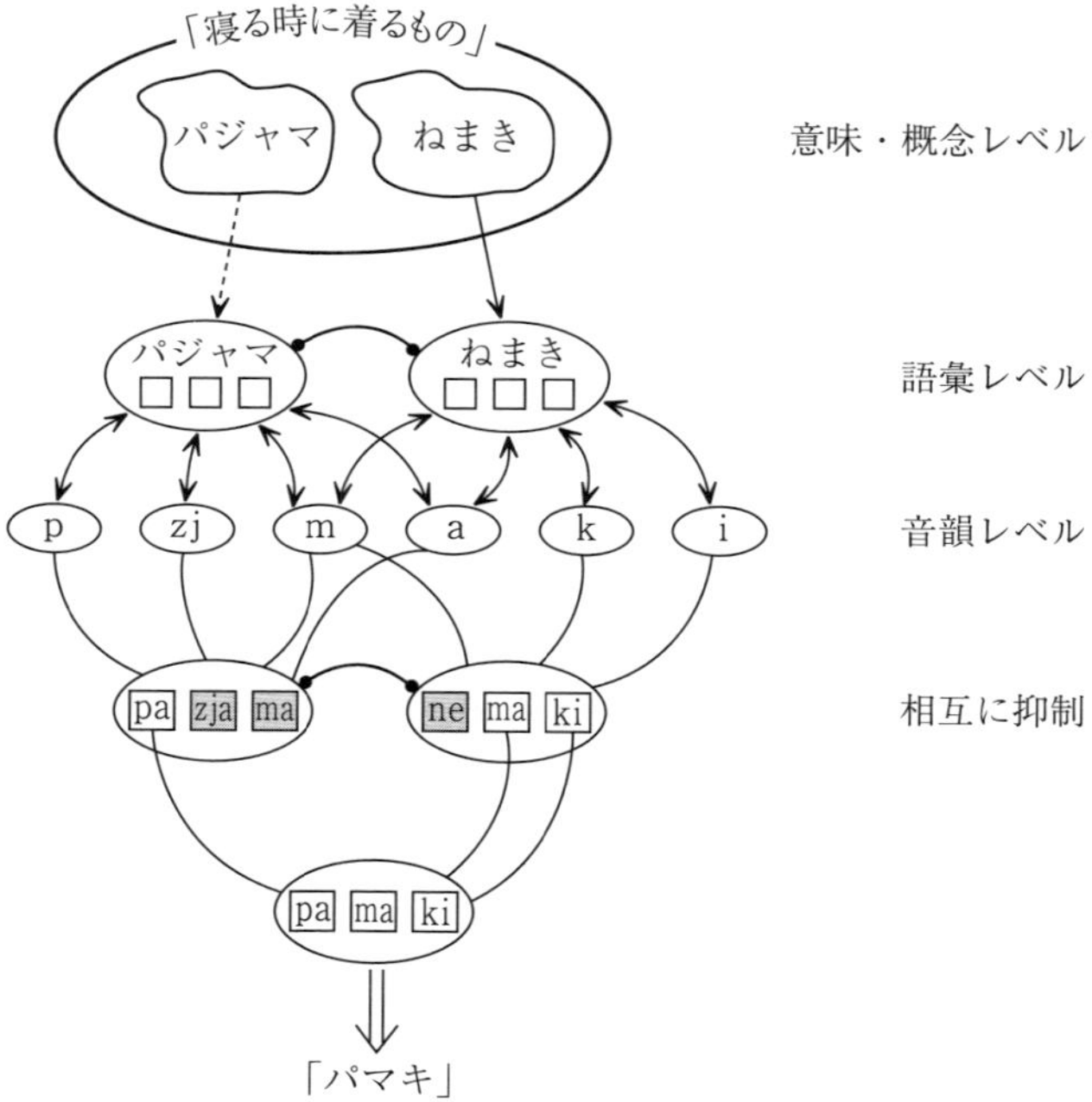

図 15 双児の語彙が抑制しあって混成する

つの枠を巡ってお互いを抑制しあう競争が起こると推測されます。この時、一方が他方の前半を、もう一方が他方の後半を抑えてしまった結果が混成の誤りというわけです(図15参照)。

混成のスイッチが一度だけ、ということについては、音韻情報の準備ができてから発音にかけては時間に追われた容量制限のある過程なので、何回も抑制が起こることはなく、複雑な出力は出ないのだと考えます。また、本来一語分の作業のところ二語が競争するという過程が、音韻部門まで残ってしまった例外的な場合であるために、このタイプの誤りは頻度が低いと思われます。[6] 言い直し「えー」や「あっ」がないのは「二語なのに一語」という地位が音韻処理までずっと崩れていないためであると考えます。

これなら「モニタープラス訂正」の説明が苦慮した、前半に意図した語がくる誤りの場合にも問題なく対応できるので、有力な代案であるように思われます。また、活性化の考え方をとってもモニターを排除するというわけではありません。定められた時間内に正確な出力を保証するにはモニターは欠かせないと思われます。活性化モデルにおけるモニターの位置づけは、音位転倒の原因を検討する時に述べたいと思います。

音韻代用を説明するモデル

次に第七章で述べた音韻的な言い間違いが関連する音韻部門をモデル化してみましょう。ここでも相互活性化の考え方は有力です。その代表としてデルのモデルをあげることができます。

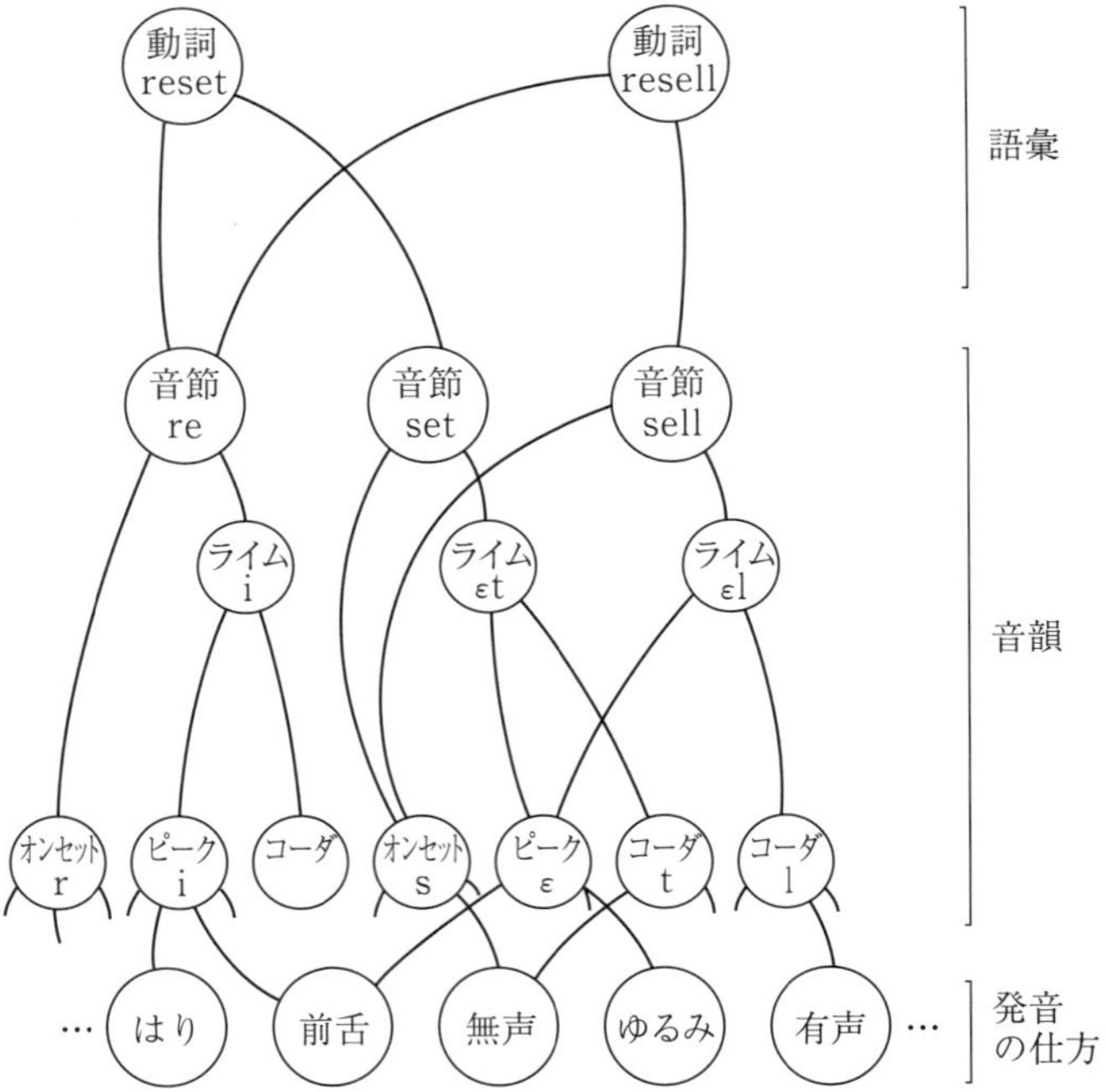

図 16　デルの相互活性化モデル

デルのモデルでは、選択された語彙ユニットが音素レベルと語形レベルを同時に活性化するところから始まります。先に述べたような原理に従った双方向の活性化を行いながら、語形ユニットが決まると、それが指定するスロットに勝ち残った音素が語頭から語末へ順に付与されていく過程をとります(図16)。

相互活性化モデルの特徴である双方向処理のお

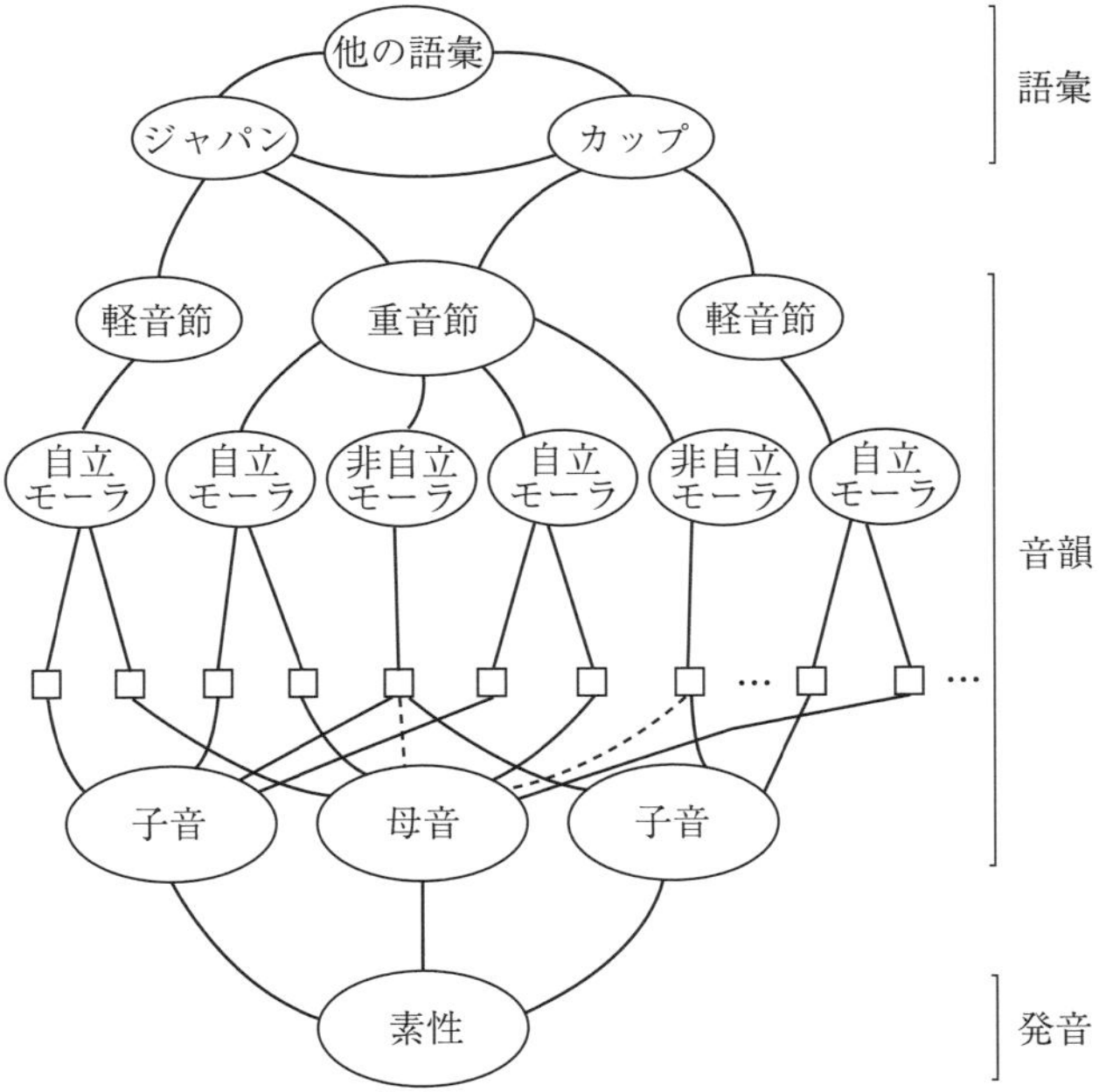

図 17　デルの相互活性化モデルにモーラレベルを加えたモデル

かげで、語代用の誤りの際の音韻的要因の説明が容易になるのと同時に、言語の発話だけではなく理解という側面(音の連続から語彙を作っていく過程)も考えることができるようになります。

ここでは、デルのモデルを基本に、日本語の特性に合わせたモーラのレベルを加えることを提案したいと思います(図17)。

モーラレベルを加えることによって、同じ母音や子音を持つモーラ間の誤りは、共通のユニットから活性化を受けることにより、その回路の活性化の値が上がりっぱなしになるので休止状態の値まで下がらず、誤アクセスが起きやすいと説明されます。これが反復音素環境で誤りが起きやすいことへの理由付けになります。この環境での誤りが日本語において圧倒的に多いことも、モーラレベルの追加によってわかりやすく示すことができます。

音位転倒が生じるメカニズム

最後に音位転倒が生じるメカニズムについて考えます。引き続き基本的部門を並べた上でその間のやりとりを相互活性化の考えで行うというモデルを中心に据えます。第八章での観察から、交換が生じた要素間の距離によって、音位転倒を二種類に分けることから始めます。

［長い距離を隔てた転倒］

まず、長い距離を隔てて起こる「ガイモンとサーファンクル」タイプの転倒は、語の形とそこに入るべき音素の順序が決められる際に、句あるいは文の組み立ての射程に入っている別の語にも同じ作業の準備が進められることを示唆しています。そのため、語彙的要素の先頭という位置の類似性と、同じ母音を持つモーラという、二重の活性化を受ける構造上の類似性から、誤アクセスをされやすい要素が交換された、と考えます。

［短い距離を隔てた転倒］

次に、語の中の転倒、たとえば「いどろり」では、まず、音節レベルから語のおおよその形が決められ、モーラレベルからは「子音＋母音」－「子音＋母音」の連続であることが活性化されスロットの配列が定まります。相互活性化モデルでは並列に処理が進みますから、それと並行してスロットに挿入される音素も活性化を受けることになります。

ここで何ごともなければ発音を待つばかりの「いろどり」が得られます(図18)。しかし、何らかのノイズが入ってしまい、正常なパターンが現れない場合もあるでしょう。その時には同じ/o/という母音からの活性化を受ける/r/と/d/の節点は隣接していることもあり、モーラレベルからもそれぞれのしきい値を越えてしまうほどの活性化を受けて、どちらもスロットを満たすべき最有力候補として浮上することもあると考えられます(図19)。

ここで/d/が/r/に先んじてスロットに収まってしまうと/r/の行き先がなくなってしまいます(図20)。ここで、活性化のパターンが正常なものに落ち着けば、本来三番目のスロットを埋

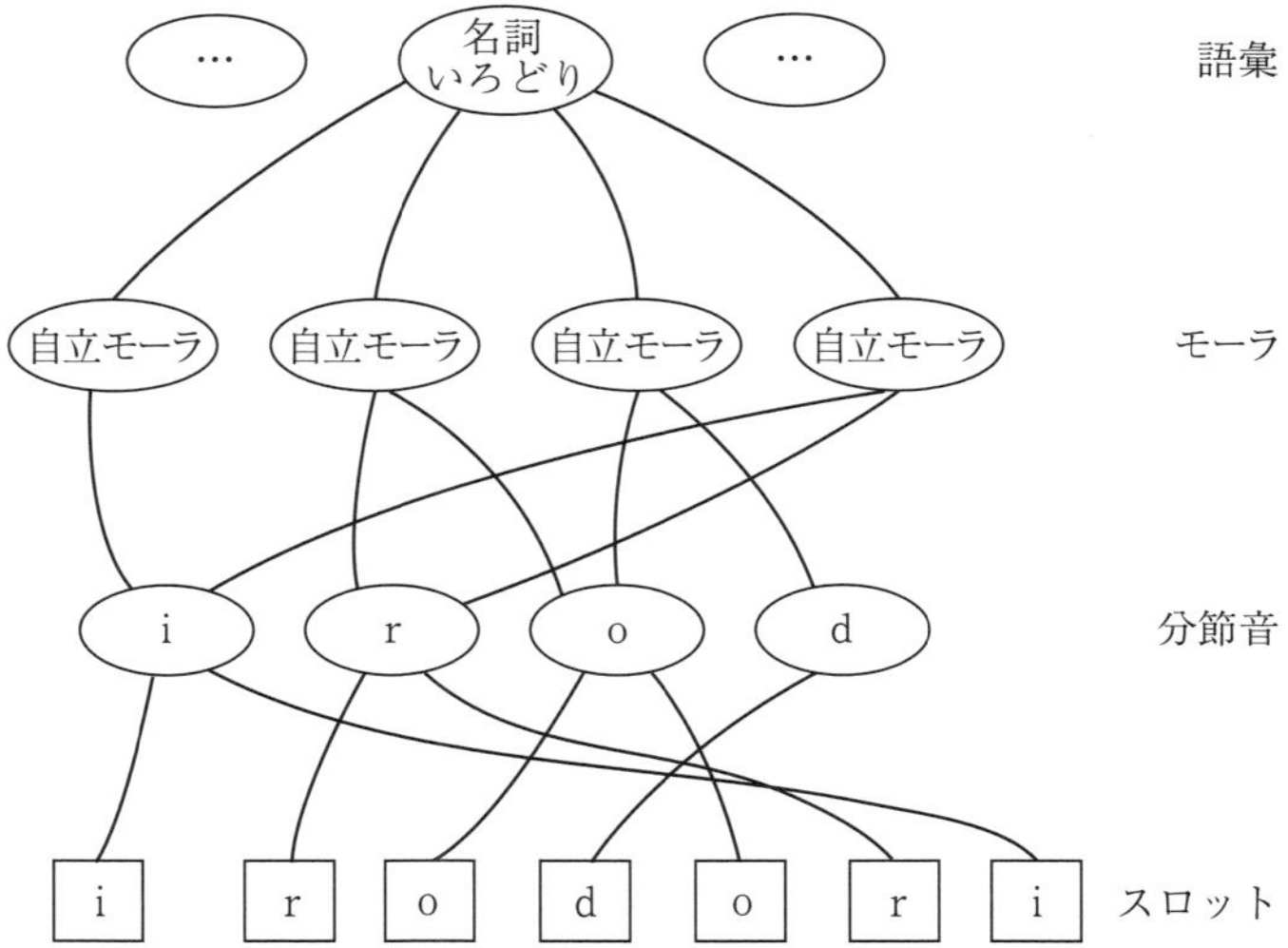

図 18 「いろどり」が得られる通常のネットワーク

めるはずの/d/が入って「いどどり」のような予測型の代用が出力されると予想されるのですが、そのためには一番目のスロットに収まって活性値の下がった/d/が再活性化されなければなりません。しかし、音韻・音声部門の作業は語頭から語末への時間軸に沿った作業なので再活性化を待っている余裕がない場合も出てきます。その時に活性化されてはいても行き先のない/r/が、同じ母音を持つという環境も手伝って三番目の位置に滑り込むという緊急避難的な充塡が行われる、それが「いどろり」を生む過程であると考えられます。

［モニターの「余裕」］

代用型の誤りの方は、第八章で述べたように個々の音の類似性に、共通の母音を持つという環境の要因がプラスされて起こると推測されます。代用型は誤りと源の間の距離をモーラ数で測ると二・六モーラ（ちなみに転倒は〇・六モーラ）とある程度離れたところの要素も侵入してきます。こちらには正しい形に気がついて再活性化する余裕がある分だけ転倒ではなく代用になる、と考えられます。

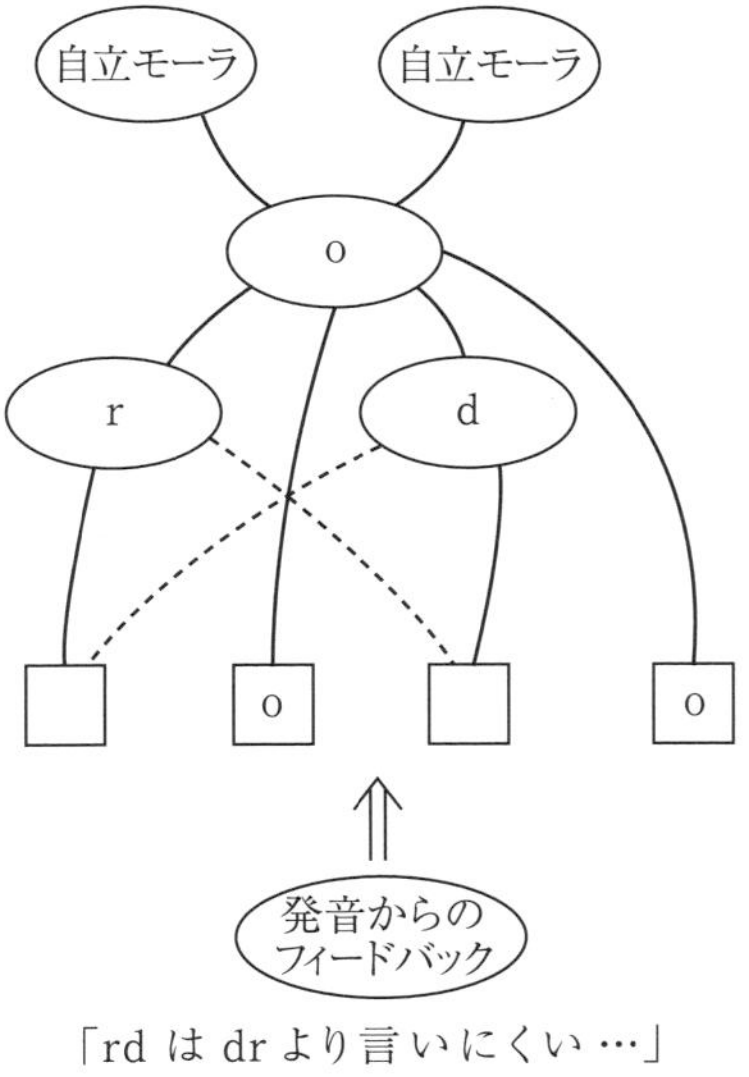

図 19　共通の/o/を持つため雲行きがあやしくなる

　これまでの説明では、誤りを検出するモニターを各所に配置するモデルは避けてきましたが、時間と正確さのバランスをとりながら、処理容量の範囲内で手早い仕事を要求される音韻部門と発音部門の接点には、モニターの設置は不可欠であろうと思

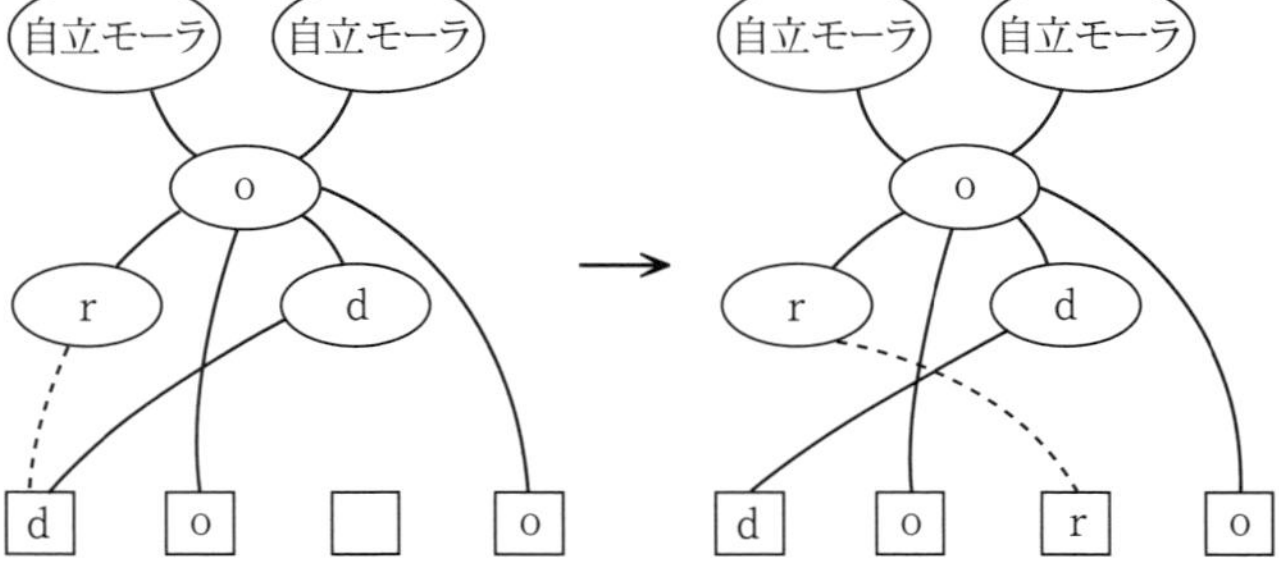

図 20　/d/が/r/の場所を奪い，行き場を失った/r/が三番目のスロットに滑り込む

われます。モーラ数にして二モーラ分（二・六マイナス〇・六）の「余裕」がモニターの精度を示しているとみています。

[活性化を乱す「ノイズ」]

活性化モデルに基づいた説明では、残念ながら「何らかのノイズ」というあいまいな表現を使わなければならない場合があります。音位転倒に関してはどうでしょうか。ノイズを引き起こす要因は発生頻度の違いによる休止レベルの不安定さなどをあげることできますが、この場合は音声からのフィードバックという要因も強く働いているように思われます。第八章で述べた二モーラ連続の発音の自然さあるいは不自然さはその要因の一つで、「この発音の連続は不自然で難しいので何とかしてくれ」という苦情とでもいうべきフィードバックが送られてきて、隣接するモーラの順序の入れ換えを促すもの、という推測も成り立つと考えています。その実在性をうかがわせる実験結果もあります。

視覚提示されたひらがな文字列を音読させる実験で、「こはみ」のような母音も子音も異なる刺激語と「こほも」のように母音が統一された刺激語を与えた場合、「こほも」型の方が視覚提示があってから発音が始まるまでの時間が長かったと報告されています。(7) 同じ三文字の音韻処理なので、発音開始までの時間は同じか、あるいは母音が一種類であるために処理すべき母音の数が二つ少なくてすむ「こほも」型の方が負担が小さいので短い、と予想されるにもかかわらず、「こはみ」型の方が早く発音開始ができたということは、言いやすさ、言いにくさといった調音的要因が働いている可能性を示唆しています。

同じ母音が並ぶというのは調音が経済的で楽なようにみえて実行は難しく、言いにくさが音韻処理に影響を与えることもあると考えられます。これまで、音位転倒が起こる理由にふれた研究の中で、漠然とした形で述べられていた「話し手の意識にあった違和感」や「発音の不自然さ」(8) は二モーラ連続環境での調音可能性に基づく、発音部門から中間部門の出口段階へのフィードバックという形でまとめられるのではないかと考えています。

[子どもの音位転倒]

では、子どもに音位転倒が多いというのはどう説明するのでしょうか。

子どもの音位転倒でまず気がつくのは、集中して誤りが起こるのは五モーラ以上の長い語の語中部分、ということです。「エベレーター」しかり、「ヘリポクター」しかり。もう一つは「ワナナバニ園」や「ガイモンとサーファンクル」のような、複数の語彙的要素にまたがってその対応する位置の間で起こる転倒が極端に少ないことです。

これに加えて、子どもの場合、「オカーシャン」のような幼児音と呼ばれる代用は多いのですが、ある程度距離をおいたところにある別の要素が侵入する文脈的代用の誤りが少ないことを考え合わせると、理由は次のように推測できます。まず子どもと成人の大きな違いの一つは、一度に音韻要素を処理できる容量の大きさであり、子どもはそれが小さいのではないか(おそらく二モーラ以下)と考えられます。すると、誤りという「災難」は次のように降りかかってくると予想されます。

その単語の音形を聞いて再現しようとした時、語頭の音は記憶に残りやすいので最初のモーラは順調にスタートする↓しかし、語の真ん中あたりにさしかかると処理の容量が限界に近づくのに加えて同じ母音を持つ類似したモーラが並ぶという「難所」が待ち構えている語であることがある→すると並べるべきモーラの順序があやふやになってくる→それでも時間に追われてなんとか並べなければならない→その時手がかりになるのは言いやすい、自然な音連続からの誘いである→そして転倒が起こる。

そしてこれにはおまけがつきます。子どもにとって自然で言いやすい連続を含んだ誤形はそのまま語彙部門に定着しやすい、というものです。[9] これに前で述べた成人の「いどろり」タイプの転倒を生じさせるような過程も加わるので、子どもは勘違いとしても（「エベレーター」が正しいと思い込む）、言い間違いとしても（「エレベーター」と言おうとしてつい「エベレーター」と言ってしまう）音位転倒を起こしやすいことになります。

代用に比べて転倒が多いのは、どうしてでしょうか。文脈的代用というのは大きな容量を持ってこれから言うべきことも先回りして処理することができないと生じにくいもので、子どもの容量はそもそも転倒しか起こらないような大きさしかない、という理由が考えられます。

このことへの傍証は、子どもに音韻的代用の誤りの観察を行った研究で、子どもの誤りは予測型よりも保続型が多かったという報告にみることができます。先への準備よりも一度発音したことの影響がまさっていることと同時に、モニター能力が未発達であることも示唆しているとみられるからです。[10]

このように、音位転倒は多くの場合、二モーラ以内という狭い環境で、不自然な音の並びから自然な並びにさりげなく変わってしまう誤りであるといえます。そのため、検出するのも難しく、モニターの精度をかなり上げないと誤りとして網にかかりにくいと考えられます。これが「忍び寄り」の秘密だろうと思われます。

十　言い間違うのも人、許すのも人

――エピローグ

間違いの許容範囲

二〇〇二年になってブッシュ米大統領は言い間違いで二回も新聞ネタを提供してくれました。二月には「デフレーション(deflation)」を「デバリュエーション(devaluation：通貨切り下げ)」と言い間違えたために円が過剰に売られる局面を招き、四月には台湾を、独立派が用いる「台湾共和国」と呼んで中国との国際問題になりかけました。いずれの場合もホワイトハウスは「言い間違いである」と認めることで事態の収拾を図りました。言い間違いは定義上「意図的なものではない」ので相手側も理解を示さざるをえなかったのでしょう。興味深いことに、文化の違いなのか日本の政治家のいわゆる舌禍事件には「言い間違いだった」という無邪気な言い訳はこれまで少ないように思います。メンツを気にして「真意が伝わらなかった」などと言うより、許してもらえる可能性は高いと思うのですが。

「みそら」から始まった分析も、「いどろり」に到達して、ようやくひと休みできるところまでやってきたようです。本章では、少し角度をかえて、言い間違いはある種の「許される」範囲内に収まるというお話をしたいと思います。最初にあげたエピソードのように「わざとじゃなかった。許してね」ということだけでなく、言い間違いの特徴そのものが関与する、ある種の許容範囲について考えてみたいと思います。

私たちの発話は限られた時間と求められる正確さとのせめぎ合いの中で展開します。両者はいわばトレードオフの関係にあります。たとえば、一秒間に一語程度のゆっくりした発話ならば言い間違いをしないかもしれません。しかしそれではコミュニケーションが円滑に進みませんし、イライラしてしまって精神衛生上もよくないでしょう。逆に短時間になるべく多くのことを伝えようと皆が黒柳徹子さんばりの早口に挑戦したら、情報の量はたしかに増えるかもしれませんが言い間違いも連発してしまうでしょう。私たちは、「コミュニケーションの効率は最大に、間違いは最小に」という最適な状態を維持しつづけることを常に要求されているわけです。ただ、それが難しい注文であることは本書で紹介してきた数々の失敗例をみれば明らかです。ただ不思議かつ幸いなことに、たとえ言い間違いが起こっても私たちの会話は理解不能に陥って中断してしまうことはなく、スムーズに流れていきます。

こうした背景を考えてみると、そもそも言い間違いには、間違ったとしても聞き手には理解できる、という許容範囲があるように思います。同じことを話し手の側からみれば、人間の心が生み出すものである以上、間違いといってもここまではひどく崩れない、という歯止めが設けられているのかもしれません。

そこで、注目されるのはバーズの処理装置の容量制限と作業記憶(ワーキング・メモリー)との関連を考慮に入れたモデルです(1)。その中で、言い間違いは、限られた容量に入ってくるターゲットとそのライバルとの二候補の間の競争の中で生じた狂いに対する修復作業が間に合わなかった時に起こるとしています。本書では、相互活性化モデルで、一度に複数のライバルたちが競争をする考え方を提案したのですが、競争相手の最終的な数を検討する上で特に注目したいのがこの「二つの」候補という部分です。

「三以上」ではなく「二」

バーズは互いに競い合う候補を常に「二つ」あげているのですが、この数字にはもっとこだわっていいように思います。言い間違いには二つの要素間で、というものが圧倒的に多いのです。

たとえば、語彙レベルであれば二語が関連する典型として混成の誤りがありますが、三語が関連する、という混成はありません。貯蔵されている知識のレベルには多くの候補が並んでいるにしても、実際処理されるのは二つにしぼられたライバルです。また代用の誤りにしても多くの候補の中から誤りの対象となる語彙はずっとしぼられています。文の中で語彙が移動する場合でも二語が大多数で、三語がからむかき混ぜのような誤りはほとんどありません。音韻レベルであれば、代用にしても交換にしても三つの音素が同時に動く、という誤りは稀です。

さらに本書ではとりあげなかった文法・統語レベルの誤りの代表として助詞の誤りにも目を向けてみると、二つの文構造のライバル関係が浮かび上がります。次の実例をみてください。

「昨日、届け出が出しまして」（届け出を）

「きょうはそこに、あー、で聞いたようなインドの音楽とか」

このような誤りは四百近くとかなりあります。最初の例で用いられている動詞「出す」は、同時に文中に現れる名詞句として、次のような意味的な役割を持つものを二つ要求します。

（自分の意志で行為を行える人）ガ　（ある対象）ヲ　出す

この例は、本来「ヲ」が与えられるべき名詞句に「ガ」が与えられてしまったという誤りで、動詞が要求する、文の構造にとって必須の助詞の間で起こっていると解釈されます。

一方、二番目の例は同じ助詞の誤りであっても性格が異なります。用いられている動詞「聞く」は「出す」と同じく、「（自分の意志で行為を行える人）ガ　（ある対象）ヲ　聞く」を要求します。ところが、ここで起こっているのは文の構造とは直接関係ない（場所）に与えられる「ニ」／「デ」の間の混同であり、いうならば、「お呼びでない」助詞の間の誤りなのです。どちらが頻度が高いかというと、圧倒的に前者のタイプです。

ここで、もう一つ注意すべきは最初のタイプの文に対しては、多くの場合、自動詞を用いた次のような文が影のようにつきまとっていることです。

「昨日、届け出が出まして」

このように言おうとしていたのであれば、間違ったのは助詞ではなく動詞の方になります。この影は他動詞を用いた文と交替可能で、競争の相手になりうるものです。文法レベルでも、三つの文まではいかないが、二つの文が関連する誤りはある、ということになります。

この「二」はあっても「三」はない、というのは、言い間違い全体にゆるくかかる制約ではないかと思えてきます。その意味合いは、発話において容量制限がある処理段階があるとすれば、各々の下位部門で「二」という単位がカギであることを示しているのではないか、ということです。もう少しいえば、誤りというのは話者の意図からの逸脱であって、正常な言語のやりとりの枠から途方もなくはみ出た異常ではなく、ここまでなら理解可能である、という正常の中にあらかじめ組み込まれたあそびの範囲内で起こる「許せる事故」とみなせるのではないか、ということです。どんなレベルであろうと「二」の範囲内で起こるかぎりは聞き手の方は誤りを修復しながら理解することが可能になると考えられます。

少々余談めきますが、言い間違いを聞いた時に笑いを誘われるというのは、この許容範囲内ということと関連があるように思われます。笑いというのがある種の予想への裏切りによってもたらされるというのはよく聞く話です。ただ、そこには微妙な距離感が必要で、突拍子もない、理解不能な裏切り(許容範囲外の誤り)に対しては笑いは生じないものです。自ら引いた線からほんの少しだけずれた反応が笑いを呼ぶように思います。たとえば、ものまねを聞いて笑うというのもこれに似ているかもしれません。聞き手としては、許容範囲の中で話し手が何を言おうとしているのかがわかって聞いているというある種の予想が成り立つからこそ、そこからのちょっとした逸脱に笑いを誘われるのでしょう。

冒頭紹介した「みそら」はたしかにたいへんな人生の転機になってしまいましたが、国際問題の一歩手前までいくような影響力の強い人の失言さえ、「言い間違いだった」の一言ですむ場合だってあるのです。言い間違いを避けることができないのも人ならそれを笑って許すのも人です。そして言い間違いには許すことを可能にするような仕組みが最初から備わっているとは考えられないでしょうか。

ところで、最後に気になるのは「おとこをたしなむ」と言ってしまった方のその後です。もちろん「意図的」なものではなかったでしょうから、大統領と同じように「言い間違い」でした、で(できれば大爆笑のうちに)許されていると願わずにはいられません。

本書は言い間違いが何を語ってくれるのか、と同時に言い間違いはどのように起こるのか、も明らかにしようという欲張った目標を掲げてきました。そのため、かえってあいまいさが残ったり、推測にとどまらざるをえない部分が出てきてしまったように思います。ただ、それと同じくらいに、誤りからみたがゆえに日本語の特徴が思いもかけない形で明らかになったという部分もあるのでは、とも思っています。明らかになった部分の方がわずかでも上回ってほしいと祈りつつ、今回の分析を終わりたいと思います。

注

第二章

(1) B. Baars(ed.): *Experimental Slips and Human Error*. New York: Plenum Press, 1992.

(2) 「られ」には尊敬・可能・受身形が集中していて「みられる」だけでは意味があいまいになってしまうので、それを避けるという意図の積み重ねが定着を早めた要因とも考えられる。この点を、すでに七十年前に「欲求」という言葉を用いて、規範的なフランス語に対して、より明晰でより経済的な方向へと向かう庶民の機能的なフランス語の姿をとらえた、H・フレエの業績を忘れてはならない(フレエ『誤用の文法』みすず書房、一九七三年)。

(3) 認知心理学では日常生活での失錯(エラー)をさらに細かく分けて、(い)欄のような思わずやってしまったというタイプを「スリップ」、成人の誤用タイプのような、もとからの勘違いを「ミステイク」という術語で呼び分けている。これは、「行動計画の作成」と「その実行」の二つのレベルを認めて行動の説明にあたるD・A・ノーマンのモデル(ノーマン『誰のためのデザイン?』新曜社、一九九〇年)に代表される枠組みからくるもので、前者が行動プログラム実行中に起こる、意図に反した突発的な誤りであるのに対して、後者は計画がたてられる段階ですでに起こっている誤りであって、両者は区別されるべきであると考えられている。

(4) たとえば、野田尚史他『日本語学習者の文法習得』(大修館書店、二〇〇一年)では、[事例7]のような日本語学習者の誤用は、過去丁寧形の出現パターンにおけるイ形容詞の特殊性にあると説明されている。つまり、「おいしいでした」の正用「おいしかったです」だけが「過去 - 丁寧」の順になっているのに対し、イ形容詞以外の動詞(「書きました」)、名詞(「雨でした」)、ナ形容詞(「静かでした」)はすべて「丁寧 - 過去」の順であることに注意されたい。ある意味で日本語の側にも責任がある誤りなのである。

(5) 神尾昭雄『情報のなわ張り理論』(大修館書店、一九九〇年)の考察による。

(6) グライスの会話の公理と呼ばれているものである。

(7) 関連性理論と呼ばれる理論の基礎となる部分である。

(8) 氏平明「発話の非流暢性に関する言語学的・音声学的研究」博士論文、大阪大学、二〇〇〇年。

第三章

(1) 影山太郎「文法と形態論」(岩波講座 言語の科学3『単語と辞書』所収、岩波書店、一九九七年)の分析に基づく。

(2) V. A. Fromkin (ed.): *Speech Errors as Linguistic Evidence*. The Hague: Mouton, 1973. J. P. Stemberger: *Speech Errors and Theoretical Phonology: A Review*. Indiana University Press, 1983.

(3) たとえば、私たちは「にほん」という文字を読んだ時、それが/nihoɴ/という音韻形を持つことを頭の中で思い描くことができる。ただし、これは抽象的なレベルでのことで実際の調音と同じものではない。ためしに「日本刀」「日本橋」「日本画」と声に出して「ん」にあたるところで止めてみると、それぞれ口の形や舌の位置が違うことに気づく。つまり、実際の音声としては異なっているものを抽象的にまとめて「ん」と理解しているわけで、音韻と音声二つの側面を知ることができる。表記法についていえば、音韻形を記す場合にはローマ字や特殊記号(N・Q・Rなど)を／／で囲み、音声形を記す場合には国際音声字母を［］で囲むのが普通である。

(4) 神尾昭雄「失語症における言語学的側面——失文法の言語分析」(『失語症研究』6巻3号、15-20頁、一九八六年)による。

(5) 若い世代を中心に誤用が正用に定着しつつある、として紹介される例では、「情けは人のためならず」「役不足」「気のおけない」など否定の解釈の違いに端を発したと思われるものが多い点は注目される。

第四章

(1) L. R. Wheeldon (ed.): *Aspects of Language Production*. Psychology Press, 2000. W. J. M. Levelt: *Speaking: From intention to articulation*. Cambridge, MA: MIT Press, 1989.

(2) 成人の記憶や注意が一度に処理できるまとまりの数は、七を基準に、少なくて五、多くて九の範囲に入るというG・ミラーの古典的仮説。

(3) 慶応大学の大津由紀雄教授からご自身のホームページ(http://www.otsu.icl.keio.ac.jp/)の「たのしいことばの部屋」で教えていただいた傑作である。

第五章

(1) 認知心理学の実験でも、たとえばモニター画面に視覚提示される"doctor"という刺激が実在する語彙か否かを判断する課題で、直前に"nurse"が示される場合と"butter"が示される場合を比べると、前者で判断の速度が有意に上がる、という報告がある。関連のある語どうしだと連結を通して活性化を伝えあうので、ちょうどウォーミングアップのような効果が得られ反応時間が早くなると考えられている。

(2) V. A. Fromkin: The non-anomalous nature of anomalous utterances, *Language*, Vol.47 (1971), pp.27-52.

(3) 神尾昭雄・外池滋生「言い間違いの言語学」(今井邦彦編『言語障害と言語理論』所収、大修館書店、一九七九年)でも採られてる。

(4) W. H. N. Hotopf: Semantic similarity as a factor in whole-word slips of the tongue, In V. A. Fromkin (ed.): *Errors in Linguistic Performance: Slips of the tongue, ear, pen, and hand*. New York: Academic Press, 1980.

(5) Levelt (1989) などを参照。

(6) この誤りは失語症患者の語彙的誤りには無視できないほど登場するという報告がある。その妥当性を含めて、失語症患者の発話と健常者の言い間違いとでは何が共通で、何が異なっているのかを明らかにする研究の必要性が提案されている。M. F. Garrett: Disorders of lexical selection. *Cognition*, Vol.42 (1992), No.1-3, pp.143-180.

(7) W. J. M. Levelt, A. Roelofs and A. S. Meyer: A theory of lexical access in speech production, *Behavioral and Brain Science*, Vol.22(1999), pp.1-38.

(8) B. Rap and M. Goldrick: Discreteness and interactivity in spoken word production. *Psychological Review*, Vol.107(2000), No.3, pp.460-499.

(9) 田総武光『言葉のとちり』今井書店、一九八二年。

(10) R. Brown and D. McNeil: Tip of the tongue phenomenon. *Journal of Verbal Learning and Verbal Behavior*, Vol.5(1966), No.4, pp.325-337.

(11) Hotopf(1980). Garrett(1992). G. Dell: Speaking and Misspeaking. In L. Gleitman and M. Liberman(eds.): *Language: An Invitation to Cognitive Science*, Vol.1(2nd ed.). Cambridge, MA: MIT Press, 1995.

第六章

(1) ただし、この語はゴジラとクジラの大きさや力強さをかけ合わせたものではなく、堂々とした体軀から「ゴリラ」というあだ名で人気者であった役者さんが食堂でクジラを食べていたところからヒントを得たというエピソードが伝えられている。

(2) 「木村拓哉」が「キムタク」、「モーニング娘。」が「モー娘。」(モームス)といずれも、二モーラ＋二モーラの作りになっている。また、幼児を呼ぶ場合の愛称にしても拓哉君は「たくちゃん」「たーちゃん」になるのが自然だと思われるが、これも同じ二モーラ＋二モーラの構造になることに注意されたい。

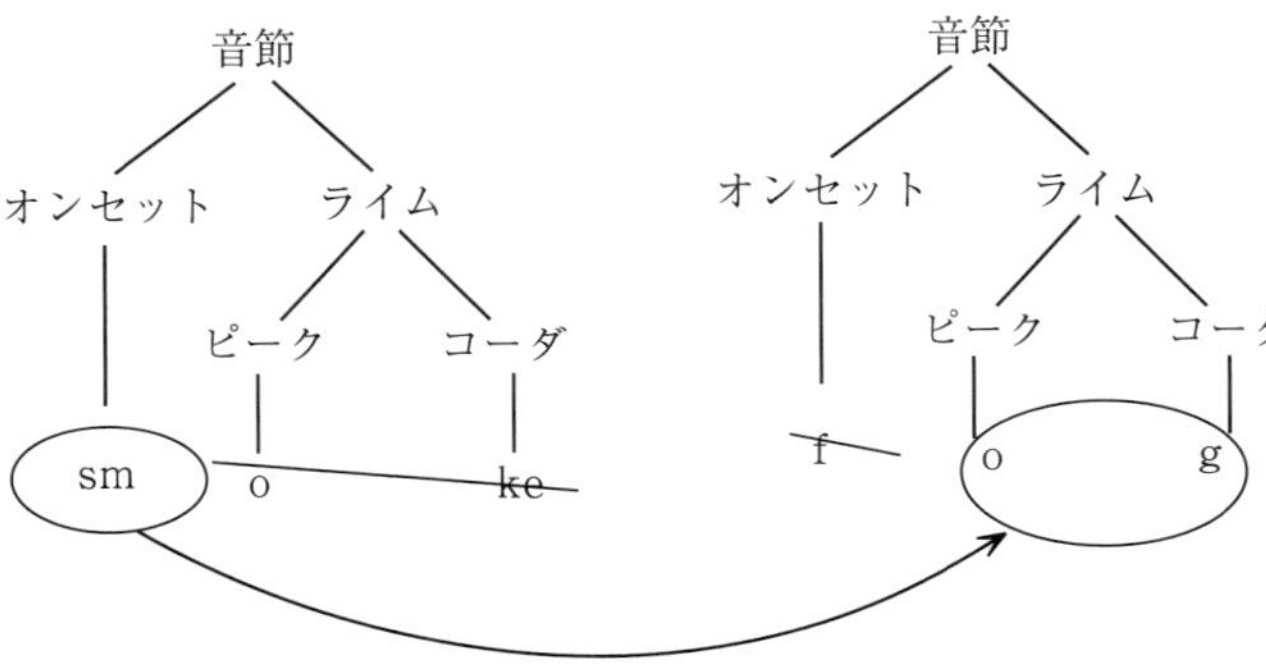

図　混成語 smog のできかた

(3)　窪薗晴夫『語形成と音韻構造』(くろしお出版、一九九五年)から。また英語の音節内構成素については、子音－母音－子音の音節を例にとると、聞こえのピークをなす主母音は後続の子音(コーダ)との結合度が相対的に高く、ライムという節点を形成し、先行する子音はオンセットとしてライムと結合するという構造が想定されることが多い。その中で、最大の内部境界はオンセットとライムの間に引かれる。smoke と fog から smog が形成される様子を示した上の図を参照されたい。

(4)　太田聡「混成語考」(中右実教授還暦記念論文集編集委員会編『意味と形のインターフェイス』所収、くろしお出版、二〇〇一年)による。

(5)　たとえば、大森区と蒲田区が合併した際の「大田区」という名称はじっくり考えて漢字や形態素の境界で混成を行った例だと推測される。

(6)　窪薗(一九九五)による。

第七章

(1)　「母音単独」あるいは「子音＋母音」の音節は軽音節、

「子音＋母音＋子音」、あるいは「子音＋母音＋母音」は重音節と呼ばれる。重音節の発話単位としての動きは、文字どおりさらに「鈍重」になる。

(2) 河野守夫『音声言語の認識と生成のメカニズム：ことばの時間制御機構とその役割』(金星堂、二〇〇一年)による。

(3) 太田聡はモーラのまとまりとライムのまとまりは異なる次元にあるだけで併存が可能だと主張している(S. Ohta: Syllable and mora geometry in Japanese. *Tsukuba English Studies*, Vol.10 (1991), pp.157-182)。この構造についての議論は窪薗(一九九五)を参照されたい。

(4) 寺尾康「音韻性錯語と健常者の言い誤りとの比較分析」(『失語症研究』19巻3号、193-198頁、一九九九年)でとりあげられている。この発話記録は愛媛大学医学部田邊敬貴教授よりお借りしたものである。改めて感謝の意を表したい。

(5) 城生佰太郎「現代日本語の音韻」(岩波講座 講座日本語5『音韻』所収、岩波書店、一九七七年)から。

(6) A. Caramazza et al.: Separable processing of consonants and vowels. *Nature*, Vol.403 (2000), pp.428-431は、母音と子音は異なる範疇に属するという提案を行っている。

(7) 個人的談話からの情報ではあるが、何人かの脳神経科学者に、稀にしか起こらない母音の交換の誤りの例(たとえば、「今の」が「いもな」、「手盆」が「とべん」)を示したところ、損傷の箇所によってはそう珍しい例ではないという教示を受けた。健常者の言い間違いと失語症患者の発話との比較のおもしろさと難しさを同時に感じることができた経験であった。

(8) 言い間違いを実験的に引き出す代表的テクニックである。G. Dell: Representation of serial

order in speech: Evidence from the repeated phoneme effect in speech errors. *Journal of Experimental Psychology*, Vol.10(1984), No.2, pp.222-233.

第八章

(1) 佐藤亮一『生きている日本の方言』(新日本出版社、二〇〇一年)から。

(2) 城生佰太郎『当節おもしろ言語学』(講談社、一九八五年)、佐藤(二〇〇一)にもある例である。「さわがせ」が「さがわせ」にはなりそうもないが、「お」が先頭に加わった場合には「おさがわせ」になるかもしれない。「お」はなかなかの曲者で、新早口言葉としてしばしば登場する「おあわれみ」は「お」が加わっただけで格段に難しさが増す。ぜひ試してほしい。

(3) ギャレット、ステンバーガーの観察による。M. F. Garrett: The analysis of sentence production. In G. H. Bower(ed.): *The Psychology of Learning and Motivation*, Vol.9(1975), pp.133-175, New York: Academic Press. Stemberger (1983).

(4) 「オヤチャイ」(お野菜)のような幼児音をのぞけば、幼児の誤りでは「ジェストコースターノラナイヨ」(「ジェットコースター乗らないよ」、三歳十一カ月、/su/の先取り)のような文脈的代用型の誤りよりも「オカハ」(「お墓」、二歳〇カ月)や「ツマカシ」(「つま先」、二歳三カ月)、「バシフ」(「芝生」、三歳三カ月)のような音位転倒の方が頻度では上回る。成人では代用型が音位転倒型の五倍以上観察されたことと対照的である。

(5) 村田忠男「音節構造、音声ハイエラーキ、及び調音可能性の度合い」(重点領域研究「日本語音声」成果報告書『日本語の音節とモーラに関する総合的研究2』所収、28-50頁、一九九三年)

による。

(6) 寺尾康・村田忠男「2モーラ連続環境における調音可能性とその言語産出モデル研究への意味合い」(『音韻研究』2号、109-116頁、開拓社、一九九九年)による。

(7) 書き言葉に基づいた、いわば静的なデータベース内の生起頻度という観点から、K. Tamaoka and S. Makioka: Does bi-mora frequency affect Japanese phonological processing independent from word frequency? Linguistics and Phonetics 2002, Meikai University, Japan に基づく二モーラごとの組み合わせの頻度指標を基に、誤りのパターンを検討してみると、頻度が高いものが低いものにとって代わるという傾向はみられなかった。とって代わったもの、とって代わられたものの数は同じで、モーラの組み合わせの頻度の高いものが好まれ、そちらの方向に誤るというような単純なメカニズムではないようである。生起頻度が関わるとしたら、ある場面で繰り返し話した、といった当該の発話の最中に限った動的、局所的な頻度かもしれない。

(8) 舌が後ろに引かれる「どろどろどろ…」と前に出てくる「ろどろどろど…」ではどちらが速く、正確に発音できるかお試しいただきたい。

第九章

(1) こうした情報は次のような点で重要である。まず、談話的な情報は語順に影響することが指摘されている。たとえば次のような文では新鮮で伝えたい情報は文末にくる。

「太郎が花子に贈ったのは(何だったと思う、なんとそれは)婚約指輪だった」

また、認知的な情報として視点がかわれば、動詞自体が「あげた」から「もらった」や「受け取った」にかわることになる。

(2) このモデルはLevelt(1989)に基づいている。レフェルトのモデルは標準モデルと呼んでもよいもので、現在もこの改良が続けられている。

(3) J. P. Stemberger: An interactive activation model of language production. In A. W. Ellis(ed.), *Progress in the Psychology of Language*, Vol.1(1985), pp.14-186. London: Erlbaum.

(4) 窪薗(一九九五)による。

(5) 「あー」や「うー」が現れたときには語の先頭まで戻って次のように言い直すのが普通である。
「あや、あー、うやむや」

(6) 頻度という点についていえば、混成の誤りは読み誤りにはほとんど登場しないという観察を指摘しておきたい。アナウンサーのとちり、したがって原稿を読んでいるときの誤りを収集して分析した田総(一九八二)の資料の中で、明らかに混成の誤りと思われるのはわずか四例で、そのうち一例は漢字の読み誤りともとれるものであった。視覚的に次に処理すべき語とそのモーラ数が与えられているときには連合的関係にある二語が混成することはないのかもしれない。このことは、ゼロ(意図)からのスタートである発話のメカニズムと文字というヒントをもらってスタートする読みのメカニズムとは、重複する部分はあるかもしれないが、異なる部分も多いことを示唆しているように思われる。

(7) K. Tamaoka and T. Murata: OCP effects on Japanese phonological processing(『音韻研究』4号、開拓社、二〇〇一年)による。言語事実としても「七(なな)日」が「なのか」、にみられ

る異化現象があることや早口言葉の定番で母音の繰り返しが多いことを思い出されたい。

(8) 城生(一九八五)から。

(9) これが、成人にも定着してしまったものが方言であると考えられる。もちろん、方言レベルで転倒が定着する理由は音声的なものばかりではなく、「トカサ」(とさか)では「笠」、「タカウマ」では「高い」から、というように意味的な連想が働くことも十分考えられる(佐藤二〇〇一)。

(10) J. P. Stermberger: Speech errors in early child language production. *Journal of Memory and Language*, Vol.28(1989), pp.164-188による。

第十章

(1) Baars(1992)に述べられている競合モデルによる。

あとがき

細部までは定かではないのですが、作家大岡昇平の自伝的インタビューの中にこんな一節があったかと記憶しています。

「仕方なかったんだよ、路地からひょいと通りに出たら疾走している小林や中原と出会っちゃったんだよ。袖をとられて転ばされ、起き上がって後ろをとぼとぼついていった…」

私も言い間違いの研究を始めて以来、よく似た感覚をずっと持ちつづけています。言葉の間違いという、手間ひまかかるわりには地味なデータを集めていただけなのに、思いがけなく認知科学、脳科学、音韻論の「疾走している」方々に面白がってもらい、仲間に入れていただきました。本書はそうした幸運な交流の中で得られた知見をまとめたものです。

言い間違いには多くの要因がからみ、様々な解釈が可能です。ですから、本書で述べた誤りが起こるメカニズムも候補の一つにすぎません。異なる考え方に基づくモデルも十分可能ですし、現に提案されています。いくつかのモデルを比較検討する興味深い仕事は機会を改めてお話ししたいと思います。ただもし、読者の中で、それまで待てない、自分で言い間違いの分析をしてもっといいモデルを作ってやる、と思い立った方がいらっしゃいましたら、ご連絡ください。言い間違いのデータは発話研究にとって重要であるのに十分な数が集まるまで時間がかかってしまう、というのが難点です。私のものでよければ公開します。

最後に次の方々に感謝を捧げて結びにかえたいと思います。

まず、言い間違いの研究に入るきっかけを与えてくださっただけでなく、生涯を通して研究者・教育者としての範を示しつづけてくださった神尾昭雄先生に。

次にアリゾナ大学のメリル・ギャレット教授とブリティッシュ・コロンビア大学のジョー・ステンバーガー教授に。お二人との意見交換はメジャーリーガーと野球少年とのキャッチボールでした。

岩波書店編集部の浜門麻美子氏に。読者の側に立った細やかなアドバイスと温かなはげましがどれほど的確で、ありがたかったかは手許にある第一稿と本稿との違いに明らかです。その差を埋めるだけの感謝の言葉を私は知りません。

もう一人、そのコーヒーがすでに本書執筆の一部になっている東京国分寺「ドリップ」のマスター川中幸博氏にも。本文に登場するコーヒーに関するくだりは氏の研究成果の受け売りです。

そして、私の両親、陰ながら支えてくれたうえに「レモンキリン」を描いてくれた妻と、発話データは豊かな言語能力からみれば氷山の一角にすぎないことを常に教えてくれる子どもたちに。執筆中、ただ一つ困ったことといえば長女が憶えたこの一言、「ウチニハ　カジヨクサービシュハ　ナイノ？」

己久乃、ありがとう。健、適子、さあ、どこにお出かけしようか。

日本でサッカーワールドカップが開催された年、秋の気配の静岡にて

寺尾　康

寺尾 康

1959年8月静岡市生まれ．1987年筑波大学大学院文芸・言語研究科応用言語学専攻単位取得退学．常葉学園短期大学助教授，目白大学助教授を経て2000年より静岡県立大学国際関係学部助教授，2004年より同教授．

言葉の誤りの分析をはじめとする実証的な観点から，発話と言語獲得の不思議(脳／心のなかでどのように意図が音声に換えられているのか，また子どもたちがいとも簡単(そう)に母語の獲得をやってのけるのはなぜか)の解明という心理言語学の本丸攻略に向けて，せめて外堀を埋めるくらいの貢献はしたいと思っている．

著書に『認知科学ハンドブック』(分担執筆，共立出版，1992)，『英語学文献解題第5巻 文法Ⅱ』(分担執筆，研究社，2001)．

言い間違いのデータに興味をもたれた方の連絡先：

teraoy@u-shizuoka-ken.ac.jp

〈もっと知りたい！ 日本語〉

言い間違いはどうして起こる？

2002年11月8日 第1刷発行
2024年7月5日 第10刷発行

著 者 寺尾《てらお》 康《やすし》

発行者 坂本政謙

発行所 株式会社 岩波書店
〒101-8002 東京都千代田区一ツ橋2-5-5
電話案内 03-5210-4000
https://www.iwanami.co.jp/

印刷 製本・法令印刷

ISBN978-4-00-006826-0 Printed in Japan

《そうだったんだ！日本語》全 10 冊

編集＝井上 優・金水 敏・窪薗晴夫・渋谷勝己

B6 判　並製　平均 216 頁

正書法のない日本語　今野真二

『万葉集』以来，日本語の表記にはずっと多様性があった。

品　切

日本語は親しさを伝えられるか　滝浦真人

「作法」に寄りかかってきた日本語の百年とこれから。

定価 1760 円

黒船来航　日本語が動く　清水康行

緊迫する外交交渉で公的文書の表現はどう鍛えられたのか。

品　切

子どものうそ，大人の皮肉
——ことばのオモテとウラがわかるには　松井智子

高度な言語技能はどう身につくのか。大人でも失敗する理由は？

定価 1870 円

相席で黙っていられるか——日中言語行動比較論　井上 優

日本人と中国人，理解に苦しむ言動も見方をちょっと変えればわかりあえる。

定価 1980 円

近代書き言葉はこうしてできた　田中牧郎

明治中期～昭和初期，現代につながる語彙と語法はどう育ったか。

品　切

旅するニホンゴ——異言語との出会いが変えたもの　渋谷勝己・簡 月真

移民や植民地支配で海外に渡り，変貌を遂げつつ今なお息づく日本語。

品　切

日本語の観察者たち——宣教師からお雇い外国人まで　山東 功

大航海時代に来日した宣教師たちの目に日本語はどう映ったか。

定価 1870 円

じゃっで方言なおもしとか　木部暢子

共通語にはない，あっと驚く発想法。だから方言はおもしろい！

品　切

コレモ日本語アルカ？——異人のことばが生まれるとき　金水 敏

中国人キャラの奇妙な役割語。横浜居留地と旧満洲にそのルーツを探る。

品　切

岩波書店刊

定価は消費税 10％込です

2024 年 7 月現在